BRIEVEN AAN TIM

MIEKE VAN ACKER

BRIEVEN AAN TIM

AFSCHEID VAN EEN KIND

lannoo

www.lannoo.com

Vormgeving: Studio Lannoo naar een ontwerp van VISO

Omslagontwerp: Studio Lannoo

Omslagillustratie: Enk De Kramer

© Uitgeverij Lannoo nv, Tielt, 2005 en Mieke van Acker

D/2005/45/345 – ISBN 90 209 6305 8 – NUR 749

Gezet, gedrukt en gebonden bij Drukkerij Lannoo, nv, Tielt

INHOUD

WOORD VOORAF

PROF. DR. RIK PINXTEN

Verdriet is niet in woorden weer te geven. De dood scheidt mensen, tweemaal. Rouwen is een kunst die we verleerd zijn.

Deze en andere clichés denderen door je hoofd bij het lezen van dit boek, en kunnen de lezer soms een moment van respijt geven, een tak om zich aan vast te houden om de kolkende bergrivier die de auteur blijkt te zijn, verder te laten stromen zonder zelf meegetrokken te worden. Misschien schuilt er een waarheid in deze volkse gedachten. In elk geval wordt ons de diepte van de afgrond getoond, en de kracht van een moeder die helemaal alleen de weg naar de rand terugvindt.

Het boek is een getuigenis, en daaraan bestaat wel degelijk behoefte. In de proloog zegt de schrijfster dat er misschien wel lezers bestaan voor dergelijke boeken, al weet zij niet of haar zeer persoonlijke twijfels en emoties ook werkelijk een hulp kunnen zijn bij het leren dragen van het eigen verlies. Op het gevaar af misplaatste opmerkingen te maken (want ik behoor niet tot die categorie), maar met de verzekering dat we allemaal verdriet en verlies leren kennen in dit leven, zou ik durven zeggen dat er zonder enige twijfel behoefte is aan dergelijke getuigenissen, en dat ze andere mensen inderdaad kunnen helpen in het omgaan met hun verlies.

Er zijn elementen in dit boek die voorbij het individuele verdriet gaan, ook al zijn ze sterk gekoppeld aan de diepe ervaring die wordt beschreven. Er wordt bijvoorbeeld een oproep gedaan aan de medische wereld om menselijker, begrijpender – en dat betekent dus ook minder exclusief klinisch – om te gaan met ziekte en dood. Een ziekenhuis kan ook warm en ontvangend gebouwd en ingericht worden, en de discipline van de medische wereld zal soms moeten wijken voor de diepe medemenselijke omgang met pijn en dood. Dokters zijn deskundigen, maar ze zijn ook mensen met emoties en gevoeligheden, en moeders of vaders, en sterfelijke mensen. Het is een uitdaging van groot belang om een ziekenhuis vanuit een dergelijke sensitiviteit uit te denken, en misschien het klinische ondergeschikt daaraan te maken.

Dit boek is ook een oproep om rouw te leren en toe te laten. Onze cultuur is zo op het snelle, blitse en succesvolle gericht dat we niet meer worden geleerd om stil te staan, afscheid te nemen en dan langzaamaan weer aan te sluiten bij de groep die voortgaat. We worden gemaand om 'sterk' te zijn, en altijd mee verder te lopen met de groep, hoogstens achterom kijkend naar het kind dat we langs de weg hebben moeten laten liggen.

Als we niet zo handelen, hoe kunnen we dan wel zijn? Wie leert ons hoe we kunnen rouwen, om langzaam uit de rouw te groeien?

Alles wat ik hier kan zeggen is gering en onvoldoende om nog maar in de buurt te komen van de kwaliteiten van dit boek. Over de emoties van de schrijfster durf ik het niet eens te hebben. Het boek heeft echter ook grote kwaliteiten als boek, en ik wil hieraan mijn laatste woorden wijden.

Dit is sterk, mooi en aangrijpend geschreven. Emoties worden zo verwoord dat ze overslaan en de lezer soms letterlijk naar het hart grijpen. De beeldtaal is bijzonder eigen en vaak heel raak. Dat is moeilijk en wordt slechts zelden straffeloos gedaan, namelijk alleen door de betere schrijver. De precisie van beelden die ze oproept, blijft bij. Bijvoorbeeld, je kunt het toch niet beter zeggen dan: 'sterke mensen... het duurt (alleen) langer voor ze breken'. Dat is zo trefzeker, dat het wel moet komen van iemand die er is geweest.

Dit is geen leerboek, noch een therapieboek. Het is een getuigenis van uitzonderlijk niveau. Het boek kan aanspreken, ontroeren en waarschijnlijk ook afweren, want de waarheid wordt soms ruw gezegd. Zal het mensen helpen? Ik weet het niet, maar de proloog maant ons om valse hoop te laten varen: mensen moeten zelf op zoek. Dat is de enige weg. Wat kunnen wij, de toeschouwers, vrienden en verwanten dan wel doen?

Mieke schrijft over diegenen die verlies kennen: 'Zij zouden alleen zacht moeten kunnen vallen op die zoektocht, en daar hebben anderen dan een taak in.'

PROLOOG

Geachte lezer,

Het is wat vreemd om deze woorden rechtstreeks tot u te richten, omdat ik niet weet waarom u dit boekje in handen houdt, wat u zocht, als u al iets zocht.

Maar mensen die het goed met mij voorhebben, vonden het passend een woord vooraf aan deze brievenbundel toe te voegen. Dus doe ik dat, want ik begrijp dat de brokken emotie die u straks zult aanschouwen best een kader kunnen gebruiken.

Ik kan het allemaal nu pas een beetje plaatsen, zoals dat heet, omdat er tijd overheen is gegaan, en tijd biedt perspectief. Je kunt niet achterom kijken als je niet zelf bent verdergegaan, in ruimte en/of tijd.

Mijn laatste brief aan Tim is bijna twee jaar geleden geschreven. Geen haar op mijn hoofd dacht toen aan de mogelijkheid dat andere mensen, ook mensen die ik niet eens kén, over mijn schouder mee zouden lezen. Het was toen nog heel belangrijk de intimiteit te beschermen.

Dit was mijn geheime dagboek.

Ik neem aan dat de schroom die ik nu voelt ook u niet helemaal vreemd zal zijn. Het is goed dat ze bestaan, die gevoelens van schroom en schaamte en terughoudendheid. Maar laten wij ze voor deze gelegenheid opzij zetten, want ze staan ons in de weg. Mij om onbevangen te kunnen vertellen, en u om onbevangen te kunnen lezen.

In de tijd en ruimte van mijn zolderkamer was ik u misschien dankbaar geweest als u af en toe de ogen afwendde, maar vandaag kan ik vanuit de verte terugblikken, en de frustratie, de rauwe, onverwerkte pijn, de woede en de eenzaamheid, de wanhoop en de vertwijfeling zien liggen op het kleine, lage schrijftafeltje in de hoek, en in het grote bed daarboven, slechts aan één kant beslapen.

Alleen voor de doden en de goden is een mens even zijn arme, kleine zelf. Dat levert wél eerlijke portretten op, dat is de kracht van de naakte werkelijkheid. Eerlijkheid is altijd een beetje bloot, een beetje bot, een beetje ongemakkelijk, vindt u niet?

Ik heb mij het hoofd gebroken over mijn beweegredenen om dit geheime brievenboek openbaar te maken. Ik ben er nog steeds niet helemaal uit. Soms denk ik dat ik het doe omdat de kaft zo mooi is. Dat zou zelfs een goede reden zijn, maar niet een voldoende reden.

Mijn drijfveer is niét dat ik mensen wil helpen, mensen die hetzelfde hebben meegemaakt. Als het over hulpvaardigheid moet gaan, blijf ik in gebreke.

Ik heb ooit wel geloofd dat ik door mijn persoonlijke ervaring en doorleven van rouw een hulp, zelfs een wegwijzer voor anderen kon worden. Daarom ben ik toen aan een opleiding tot therapeut begonnen. Maar ik ben steeds meer gaan geloven dat mensen uiteindelijk zelf het beste weten wat ze nodig hebben om te helen, en daar moeten ze ook zelf naar op zoek. Ze zouden eigenlijk alleen zacht moeten kunnen vallen op die zoektocht, en daar hebben anderen dan een taak in.

Deze brieven zijn nooit bedoeld als helpende hand, als reisgids, als kookboek voor een beter rouwproces. Dat lijkt mij duidelijk. Maar misschien vindt u ergens hoop, of herkenning, of erkenning.

Over de hoop: die moet u vooral zoeken in dit woord vooraf en tussen de brieven in. Ik schreef op momenten dat de nood het hoogst was, en u ziet de periodes tussen die momenten van hoge nood steeds langer worden. Tussenin ging het leven ook in ons gezin gewoon zijn gangetje.

Méér hoop dan dat heb ik niet te bieden. Zal ik u vertellen over de dagen dat ik door dit bestaan wankel met een onzichtbare rouwsluier over mijn hoofd, die mijn gezicht verbergt, mijn zicht beperkt? Het gaas, het grijze waas dat de wereld en de mensen vaag en enigszins onbereikbaar maakt?

Het is bij deze gezegd. Het zijn periodes van zonsverduistering, waarin de vogels even niet fluiten. Periodes. Ze gaan over. En dan komen ze weer terug. Ik ga ze niet uit de weg, omdat dat geen zin heeft, nog niet. Misschien komt de dag dat ik weet hoe ze voor altijd te mijden, misschien ook niet. Ik vind dat nu niet eens noodzakelijk, want tussenin kan de vreugde bestaan.

Misschien leest u in de brieven passages waarin u zichzelf herkent, of waarin u een ander herkent. Misschien ook raakt u ontgoocheld omdat mijn woorden geen raakvlak bieden.

Zelf vind ik dat niet erg. Ik had geen zielsverwanten, maar ik heb ze ook niet echt gezocht.

Wij zijn mens, dus verliezen wij vroeg of laat onze geliefden, dat is ons onontkoombare lot, dat maakt ons allemaal tot lotgenoten. Ik vind liefde en verdriet in al hun verscheidene vormen en combinaties interessant en ontroerend. Voorál die verscheidenheid eigenlijk, de vormen die je niet noodzakelijk bij jezelf herkent, en de kracht van ontroering die de grenzen van persoonlijke identificatie overschrijdt. Daar wil ik een lans voor breken.

Ik vermoed dat dat een van de drijfveren is om dit boekje op te gooien, en door willekeurige mensen te laten opvangen. Het zou mooi zijn als er iemand door geraakt wordt.

Ik wil tot slot Paul Ryelandt bedanken, zijn hulp is belangrijk voor mij geweest bij het tot stand komen van dit boekje. Vriendschap kent vele vormen. Die van Paul is voorzichtig en betrouwbaar. Ik waardeer die vorm zeer.

En Enk De Craemer ben ik dankbaar voor zijn kunst, voor zijn werk dat uitdrukt wat mijn woorden niet konden, dat al die geschreven bladzijden samenvat en verheft naar een niveau van evenwicht en volledigheid dat ik zelf nooit heb kunnen bereiken. De volmaakte synthese.

Alles is gezegd.

Beste lezer, het ga u goed.

BRIEVEN AAN TIM

Maandag 3 december

Dag Tim,

De laatste brief die ik je schreef, ligt nog vastgedrukt tussen je grafsteen en het betonnen blok dat boven op je urne lag. Ik weet niet meer wat er allemaal in stond, het is al bijna drie jaar geleden. Alleen de laatste zin herinner ik mij: dat ik je toedekte met liefde. Ook die liefde herinner ik mij. Die is er zelfs nog, die voel ik nog, alleen kan ik ze nog steeds niet aan andere mensen geven, Tim, dat lukt mij niet. Alleen van Robbe heb ik veel meer leren houden sinds je dood bent. Ik heb een depressie of zoiets. Ik ga naar dokters en therapeuten, ik moet práten, zeggen die. Maar ik wil alleen lezen en wandelen in de bossen, en met rust gelaten worden, zeg ik tegen iedereen die het horen wil. Ik kan niets anders bedenken dat ik nog wil doen.

Ik lees over reïncarnatie en bijnadoodervaringen. Ik zoek een manier om aan jou te denken, Nu en in het nu, omdat ik alleen nog maar herinneringen heb, en dat is vroeger, en vroeger is voorbij, want je bent dood. Ik probeer mij in te beelden hóe je bent doodgegaan, wat je dan hebt gevoeld, of er vrede was, want dat kan je niet weten op het moment dat de machines worden uitgezet. In mijn ogen ben je twee keer doodgegaan, heb je twee keer het leven uit je voelen glijden. De eerste keer toen je hart stil ging staan, en de tweede keer toen de machines stil werden.

Je urne staat hier nu. Die ben ik op het kerkhof gaan halen, en je grafsteen staat in mijn kamer. Ik moet zoeken naar een plek voor jou, ik ben blij dat je niet meer in de koude grond vastzit. Binnen is het warmer. Ik kan die gedachten niet niét hebben, ik heb zo lang voor je gezorgd, ook dat je het warm zou hebben. Dat doen moeders namelijk. Ik mis je zo, Bolle. Ik zou je zo oneindig graag weer voor me uit zien lopen en 'mammie' horen zeggen met die jongemannenstem. De pijn van zo'n onmogelijk verlangen is moeilijk uit te leggen, te beschrijven, toch is dat wat ik volgens een van de therapeuten moet doen: gedurende een uur per week mijn diepste gevoelens uitleggen aan Guy, maar dat kan helemaal niet. Ik wil het zelfs niet proberen. 'Práten moet je doen, of je komt helemaal vast te zitten.' Dat zou mij voor mijzelf niet eens veel kunnen schelen, maar het is voor je broer en zus en Guy niet goed. Ik moet aan rouwverwerking beginnen (ik moet nog beginnen?), ik heb al vanaf het begin een hekel aan dat woord verwerken en het is niet overgegaan. Soms denk ik dat ik, toen je wegging, heb besloten om bij jou te blijven, en dat verwerken iets is als afstand nemen en loslaten en dat ik dat eigenlijk niet wil. Waarom zou dat eigenlijk moeten? Misschien om weer een goede vrouw te worden voor Guy, want dat ben ik al een hele tijd niet meer.

Alle mensen die een bijnadoodervaring hebben gehad, zagen hun geliefden, die op hen wachtten. Dus is er misschien toch een hereniging, iets waar ik alleen maar naar kan verlangen. Iets om naar uit te kijken, als ik ervoor kies om daarin te geloven. Dat kies je, volgens mij. Ik kan niet echt geloven in reïncarnatie, maar ik kan ongeveer nergens in geloven. Ik ben niet meer aangepast aan dit leven, ik krijg mijzelf en alle gedachten en gevoelens die mij teisteren niet meer ingepast in die doodgewone zaak die het leven tenslotte toch meestal maar is. Alleen bij je kleine broer kan ik iets van die onmetelijke liefde voelen die ik bij jouw ziek- en doodsbed heb ervaren. Soms ook bij je zus, maar die wordt daar bang van. Als ik alleen zou leven, zou het allemaal zo erg niet zijn, dan zou de druk om een 'hele' mens te zijn niet zo groot zijn, en zou ik tegenover niemand tekortschieten, wat ik nu wel doe. Dat weegt. Ik kan alleen maar zacht zijn voor mijzelf (dat is niet hetzelfde als zelfmedelijden, of wel?) als ik niemand kan bedenken die redenen heeft om hard te zijn voor mij, of boos te zijn op mij.

Ik denk ook veel aan alle fouten die ik tegenover jou heb gemaakt, in de veertien jaren dat je hebt geleefd en mijn zoon was. Ik vind mijzelf dan een armzalig mens, misschien was ik alleen maar aan het eind een goede moeder voor jou, soms. Zelfs in je laatste nacht was ik nog boos, omdat je de kamer had ondergekotst. Ik wist niet dat je eigenlijk dood ging, en ik wilde zo graag slapen, en kon niet tegen de stank. Ik vind dat nu verschrikkelijk van mijzelf, en ik heb het niet eens meer goed kunnen maken. Ik hoop zo dat je nog hebt kunnen horen wat ik allemaal in je oor fluisterde toen je op de afdeling intensieve zorgen lag, aan de machines die je kapotte lichaam moesten vervangen. Het spijt mij zo, Bolle, ik heb van zo veel dingen spijt.

Misschien wil ik betalen, misschien wil ik afzien, misschien wil ik, voor mijzelf, helemaal niet meer gelukkig zijn. Alleen een beetje rust zou ik willen. In vroegere tijden was ik misschien kluizenaar geworden, of groentetuin-non in een bergklooster, maar ik kan je broer en je zus niet missen, dus ik kan niet gaan.

Het is bijna sinterklaas, de derde na de Noodlottige. Marieke gebruikt de bureaustoel die we toen voor jou hadden gekocht, in functie van het leven dat ook voor jou, bovenal voor jou, zou verdergaan. Ik heb de foto nog waar de sinterklaastafel op staat, je kunt in de hoek je benen op de bank zien liggen. Het is het laatste restant van mijn gezin met drie kinderen. Niemand wist dat je lag te sterven, jijzelf ook niet. Ik zal nooit weten of ik je had kunnen redden, door veel vroeger naar het ziekenhuis te gaan. Je was zo lief voor ons, je was zo braaf, je vader werd er zelfs zenuwachtig van: een jongen van veertien die zo zacht was, en van kleine kinderen hield, dat hoort niet voor een vent van veertien. Je moet in stilte veel hebben geleden, en misschien is die stilte, om ons te sparen, wel je dood geworden. Al die dingen die ik nooit zal weten, Tim.

Ik word ouder, en de rimpels worden dieper. Ik koop nog steeds zalfjes, ik wil er vanbuiten niet uitzien als het woestijnlandschap vanbinnen. Al denk ik de laatste weken wél, sinds ik je urne uit de grond ben gaan halen, dat een paar kilo's overgewicht maar een héél klein beetje meer as kunnen opleveren. Ik wil dat onze as door elkaar verstrooid wordt. Jij was bij leven ook al zeer verstrooid, daar stond je om bekend, en was je om geliefd, want warhoofden zijn nogal grappig, meestal.

Ik weet het allemaal niet meer. Alles wat ik doe, is krampachtig en dát weet ik wel, want ik ben niet dom of verblind genoeg om het niet te zien. Daarom ben ik graag alleen, omdat ik dan gewoon gebroken kan zijn, en even niet ongenadig naar mijzelf zit te kijken. Alleen dan kan ik heel soms huilen en verdrinken in verdriet en spijt. Wat zou jij geworden zijn, Tim?

En welk meisje zou jouw meisje zijn geworden? Ze zou zeker mooi zijn geweest, zoals dat meisje op de ijsbaan. Ik hoor en zie het je nog zeggen, een zondagavond: 'Mammie, ik heb een meisje ontmoet...', met iets van verlegen gewichtigheid. Jullie hadden hand in hand geschaatst, en je was zo gelukkig dat ze jou had gekozen, jij met je pet op je kale kop.

Ik droom over jou. Niet heel vaak. Ik huil in die dromen, ik word dan half wakker van mijn eigen droge gesnik: in een droom huil je zonder tranen.

Ik zal je nog schrijven, Bolle, en vertellen over je zus en je broer. Misschien lukt schrijven beter dan praten. Het zou zo anders zijn geweest met jou als grote broer. Dag Tim.

Dinsdag 4 december

Dag Tim,

Wil jij misschien een soort dagboek voor me zijn? Want eigenlijk ben ik al lang geleden opgehouden met het schrijven van brieven aan een dode zoon, wegens een nogal uitgesproken nuchterheid (waar een mens zich dan in vast rijdt), en de angst om zielige dingen te doen. Maar er zijn zo vele mensen die stapels papier richten aan een 'liefste dagboek', dus misschien is het – als we niet onbarmhartig zijn – wel te verdedigen dat ik naar jou schrijf, want ik heb een echte mens voor ogen. Ik kan je zien als ik mijn ogen sluit en misschien heb je wel zoveel mededogen met mij omdat je bent doodgegaan.

Papier is geduldig, zegt men. Mededogen en geduld is wat ik zoek.

Toen je stierf heb ik mijn hart, of ik weet niet wat, helemaal voelen openscheuren, en sindsdien is de rek eruit. Mensen die bijna dood waren, beschrijven allemaal een overweldigend gevoel van Liefde, dus helemaal onnozel kan het niet zijn.

Kleine Bolle, Grote Beer, Mooie Sterke Vent. Trots en Liefde van mijn leven. De woorden op je doodsprentje. Timmie Boy.

Ze zeggen dat ik de dagen na je dood in shock was. Dat kan, maar ik was ook zeer helder. Misschien heb je mij zien zitten aan je bureau, wroeten in die ongelooflijk rommelige laden en kasten: de grootste sloddervos van de wereld. Daar heb ik de avond voor je begrafenis mijn afscheidswoorden aan jou geschreven, op twee velletjes papier. In één ruk. Het zou me nu niet meer lukken.

Ik zou het heel erg 'juist' vinden als er onsterfelijke zielen zouden bestaan, al is er maar één waar ik echt om zou geven. Mijn vader zou ik ook wel als een aanwezigheid willen voelen, misschien zouden we elkaar nu een beetje beter begrijpen.

Robbe is ziek, hij hoest zoals jij op die leeftijd hoestte. Ik krimp er een beetje van in elkaar. Zo'n kleine borstkas. Je zou heel veel plezier aan hem beleven. Hij is grappig, maar vindt het heel erg als je hem grappig vindt. Zijn Waardigheid staat voortdurend op het spel. Dat had jij ook, en Marieke heeft het ook. Dat hebben jullie van mij: angst om af te gaan (als een gieter). Ik heb er zelf anders al wel een paar onvergetelijke afgangen op zitten.

Marieke wordt vijftien, en we hebben het niet makkelijk. Ik vind het moeilijk om op te voeden nu alle vaste grond onder mijn voeten is verdwenen. Jij zou zeventien worden. Het leven voor je, een uitnodiging, een uitdaging, een toekomst. Ik zal flitsen blijven zien, als ik jonge mannen zie, op weg naar school, op de fiets zonder handen, jas open en opwaaiend, naast de meisjes.

Dan zie ik jou en denk ik aan je puberdiscussies, die hevig waren, vooral als je voelde dat je misschien wel een punt had. Ik mis de nieuwsgierigheid die ik voelde, de trots, de ergernis ook, over die nieuwe fase. Marieke zwijgt.

Een hoofd is een schatkamer, en een folterkamer tegelijk. Slaapwel.

Sinterklaasavond,
woensdag 5 december

Dag Tim,

Je foto staat voor mij, die waarop je sinterklaas een hand geeft vanuit je ziekenhuisbed. Wat een geluk dat die toen nog genomen is. Eén van de twee foto's waarop je ziek en kaal vereeuwigd bent.

De Tafel staat klaar voor morgenvroeg, met een complete ridderuitrusting voor Robbe. Kunnen we riddertornooien gaan houden, zwaardgevechten en zo.

Ik kon niet slapen. Al ben ik nog zo moe, ik krijg mijn hoofd niet stil, en ik krijg het benauwd van Guy zo dicht, ademend naast mij in bed. Ik kan er niet tegen, ik weet niet hoe dat komt. Het lijkt wel of ik niet meer goed kan ademhalen, dan moet ik hier beneden gaan zitten, en pas dan kan ik weer rustig worden.

Ik wou dat ik je laatste nacht opnieuw zou mogen doen, dat ik een tweede kans kreeg. Ik zou niet boos zijn en niet ongeduldig, ik zou veel meer om jou bekommerd zijn, en alleen maar denken aan hoe erg het uiteindelijk vooral voor jou was. Achteraf heb ik gedacht dat ik onvriendelijk was omdat ik ook angst voelde. Dat had ik ook toen je kleiner was, en je je pijn deed omdat je onvoorzichtig was geweest. En ik word nog steeds zenuwachtig als het fout gaat: bij Mariekes appendicitis of als Robbe ziek wordt. Dat is klein, en die laatste nacht was ik wel héél klein. Ik begreep niet wat er gebeurde. Het ging duidelijk niét goed, en ik vond dat we daar na alles wat er al was geweest, recht op hadden, ikzelf ook. Ik vond dat we mochten slapen, maar zo werkt het natuurlijk niet, we hadden helemaal nergens recht op. Het is ook klote om niet te Geloven, omdat je dan gewoon op Niemand kunt schelden. Je hoeft Niemand te bedanken als het goed komt, maar als je consequent wilt zijn, is er dus ook Niemand om te haten als je wereld vergaat.

Wat ik dan doe, klein mens dat ik ben, is iemand zoeken om de schuld te geven, zodat ik toch een beetje kwaad kan worden, want blijkbaar is dat dan nodig. Vroeger was ik zelfs boos op mijn moeder als ik met de fiets door de regen en tegen de wind in naar huis moest fietsen. Dan zat ik te sakkeren. Belachelijk. Zo was jij helemaal niet. Ik denk dat veel andere tieners hun ellende op hun ouders zouden hebben afgereageerd. Ik vroeg het je nog, of je niet een keer boos op mij moest worden. Dat zou normaal zijn, en ik zou het wel begrijpen. Maar je vroeg alleen maar waarom je boos zou moeten zijn op mij? We lachten erom, toen ik opperde dat het misschien toch mijn schuld was, omdat ik je al je hele leven Bolleke noemde, en Bolle toen je groter werd, en dat je daar wel een bol in je hoofd van moét krijgen.

Ik moet denken aan die dorpspastoor die je een keer kwam opzoeken en die mij naderhand vertelde, én nog schreef ook, hoe hij van je onder de indruk was. Terwijl ik tijdens jullie gesprek heel stiekem zat te denken dat je je toch een beetje aanstelde, want ik had je horen zeggen dat je Pietje de Dood in de ogen had gekeken. Dat kon ik niet verdragen, dat vond ik overdreven, ook al had ik zelf soms, als je je terug het bewustzijn inworstelde na die lange, zware hersenoperaties, de doodsangst in je ogen gezien: de blik van een jong hert dat midden op de weg als verlamd de vrachtwagen ziet naderen.

Ik heb nog altijd de onderlakens die toen op je bed lagen en die grote vlekken vertonen van het bleekwater waarmee ik in de weer was om het braaksel dat overal zat, weg te spoelen.

Ik weet nog dat ik achteraf sorry zei, en jij antwoordde dat het toch normaal was als een mens 's nachts vervelend wordt. Misschien wilde je zelf ook liever geloven dat je gewoon te veel had gegeten. Morgen eten we pizza, ter nagedachtenis aan je laatste maaltijd. Het laatste avondmaal in een gewoon gezin.

Ik kan alleen nog blij zijn dat ik de maanden van je ziekte zo dicht bij jou heb kunnen zijn, ook al waren we allebei nogal teruggetrokken. We zeiden niet veel, we vroegen elkaar niets over wat we voelden, er zijn ook stille manieren om elkaar nabij te zijn. Maar ik bid nog steeds, tot Niemand, dat je, toen het al te laat was, mijn woorden in je oor hebt gehoord. Afscheid nemen is zo belangrijk, vooral voor wie achterblijft, denk ik. Ik weet nog hoe warm en zwaar je hand op de mijne lag. Ik moest onder de draden en infusen door om onze handen samen te kunnen vouwen. Uren moet ik daar zo gezeten hebben, dichterbij kon ik niet komen.

Morgen ga ik naar Mathias, je beste vriend. Ik moet proberen om dan niet te huilen, want dat vindt hij 'hysterisch', typisch iets voor moeders. Mathias heeft zelf ook in het ziekenhuis gelegen en moest veel aan jou denken. Daar ben ik altijd blij om, als iemand aan jou moet denken. Hij wil volgend jaar geneeskunde studeren. Iemand vroeg mij onlangs wat jij zou zijn geworden en dat wist ik helemaal niet. Vroeger wilde je uitvinder worden, maar de laatste tijd wilde je ook veel geld verdienen, en misschien moet je wel veel geluk hebben om die twee dingen te combineren. Jij bent ziek geworden, dat is ook iets worden, en wijs en zacht, dat is meer dan de meeste mensen aan het eind van een gewoon lang leven zijn geworden. Ook daarom ben ik dankbaar en trots dat jij mijn zoon was, al was je wijsheid niet mijn verdienste.

Goudklompjes

Toen je nog maar een maand of twee dood was, waren Marieke, Guy en ik in Prades, in de Franse Pyreneeën, waar we zouden gaan wonen. We hadden ruzie gemaakt, Guy en ik, en ik was weggelopen uit het hotel waar we logeerden. Prades is een voorschoot groot en er was nog maar één café open: het meest ongezellige en troosteloze van alle cafés waarin ik ooit verzeild ben geraakt. Ik heb er, met een stuk in mijn kraag, gedanst met een oude man die pas zijn moeder (die dus stokoud moet zijn geworden) had verloren. Ik moest glimlachen om zijn verdriet. Hij huilde, en ik voelde mij nog ouder dan hij was. Wij waren nogal zielig om naar te kijken, denk ik, maar we hielden elkaar goed vast. Ik heb die avond op een briefje de belofte gekrabbeld dat ik ervoor zou zorgen dat je niet vergeten raakte. Ik wilde een boek over jou schrijven en vond dat helemaal niet onnozel. Ik zag dat als een belangrijke opdracht, want ik heb het altijd een verschrikkelijke gedachte gevonden dat ze je zouden vergeten.

Het is moeilijk om over dode mensen te blijven spreken, Tim, omdat een verleden vastligt, af is. Na een tijd lijkt het of alles is gezegd, ook al kun je nooit alles verteld hebben, want je vergeet ook onderweg al zo veel kleine dingen. Herinneringen zijn de goudklompjes die in de zeef zijn achtergebleven, nadat zo veel al is weggespoeld, met de stroom van tijd en leven.

Ik herinner me zoveel dingen niét meer van die veertien jaren dat ik naar je keek en luisterde, die kan ik dus ook niet meer vertellen. Ik heb de goudklompjes nog, maar die heb ik al aan iedereen getoond, en nog eens, en nu kan ik nog maar zelden met nieuwe vondsten aankomen. Dat kunnen andere ouders wel: de uren die worden gevuld met de laatste kleine wapenfeitjes van levende zonen en dochters zijn ontelbaar, en niemand wordt daar moe van. Maar mijn goudklompjes verliezen hun glans, iedere keer als ik ze bovenhaal en ermee rondga. Iedere keer worden ze een beetje doffer, net als de blik van de mensen aan wie ik vraag om nog eens te kijken. Dat is normaal, onvermijdelijk en onuitstaanbaar pijnlijk. Ik heb het ook bij mezelf voelen gebeuren, als je grootmoeder steeds weer dezelfde anekdotes over je grootvader het gesprek in manoeuvreerde.

Je grootvader heeft voor ons, zijn kinderen, nagelaten wat wij nodig hadden. Wat hij was, wat hij heeft achtergelaten, kan ik meenemen in mijn rugzak. Dat ligt klaar, is duidelijk, daar heb ik vrede mee. Dat kan ik niet met jou: die rugzak blijft daar open liggen. Ik wil je er nog altijd helemaal instoppen, je overal mee naartoe dragen, want je bent nog niet af, je moet nog worden wie je bent. Daar heb ik geen vrede mee, daar word ik onrustig van, net zoals ik vroeger gefrustreerd raakte van een kortverhaal met een open einde. Misschien kun je zoiets leren aanvaarden, misschien ook niet.

Crash

In een droom heb ik je een keer gedragen, mijn grote zwaargewonde zoon. Je was neergestort met een helikopter waarin je een laatste vliegproef moest afleggen. De laatste proef van een hele reeks, en ik stond in doodsangsten toe te kijken. Ik zag de helikopter, waar je nauwelijks in paste, opstijgen, omhoog vliegen en plots als een baksteen naar beneden vallen. Ik liep naar je toe en tilde je in mijn armen zoals je dat met een kind doet, en lopend, strompelend droeg ik je zo snel ik kon naar waar ze je zouden helpen. Maar je sloeg je armen om mijn nek, keek in mijn ogen, en toen viel je hoofd achterover.

Zo was het, Tim, zo heb ik het beleefd. Hoe je, na alle che-mokuren en hersenoperaties, weer thuis kwam. Je zou terug naar school gaan na de kerstvakantie, die laatste proef, en dan zouden alle beproevingen voorbij zijn, alles zou weer goed komen. Maar sinterklaasavond kwam en ik heb je zien vallen, neerstorten, en niemand heeft je kunnen redden. Je armen rond mijn nek, en jouw ogen in mijn ogen, diepe blauwe berg-meren van liefde en schoonheid en rust en vrede en aan-vaarding en mededogen en overgave en vertrouwen, en doods-nood.

En je hoofd viel achterover. Dat alles heb ik erbij gekregen in mijn droom, want een echt afscheid, hoe klein of woorde-loos ook, een 'dag mammie, dag Tim', hebben we niet gekre-gen. Ik heb het leven uit je zien glijden, je lichaam zien opve-ren, en heb luidkeels Het Leven verwenst. Ik had je net nog beloofd dat ik altijd bij je zou blijven, dat ik niet weg zou gaan, niet naar de Pyreneeën. Hebben zulke woorden zin, als jij zélf dan weggaat? Misschien wel, denk ik nu, misschien was het toch een soort afscheid, het inwilligen van een laatste wens, het inlossen van de belofte aan een stervende mens. Want dat is precies wat ik sindsdien doe: bij jou blijven. Bestaat er een verbondenheid tussen levende moeders en dode zonen, tus-sen levenden en doden in het algemeen? En is dat dan goed? Of moet je de verbondenheid verbreken? Is liefde sterker dan de dood? Ik weet niet wie deze hoogdravende woorden het eerst heeft uitgesproken, maar wat bedoelde hij (of misschien was het wel een vrouw, dat zou best kunnen, vrouwen hebben iets met De Liefde Die Alles Overwint) er eigenlijk mee? Het klinkt als iets goeds, maar ik weet niet zeker of dat wel zo is.

Ik heb nog steeds niet de gevraagde foto van je hoofd, van onder die akelige scanner. Het was daar zo koud. Het is ellendig als je je kind het lijden niet kunt besparen. Je had een volmaakt rond hoofd, dat na vier maanden volmaakt kaal en indrukwekkend gehavend was. Jouw hoofd was toen het middelpunt van ons leven, niets was mij dierbaarder, niets vond ik mooier.

Ik ben moe nu, mijn ogen prikken, ik ben blij dat je niet meer in de herfstregen en -wind onder de koude grond zit.

Ik dacht dat ik in de urne, tussen de as, nog tanden zou vinden, maar ze zeggen dat alles helemaal verbrandt. Stof en As, een grote man-jongen met blauwe ogen, brede schouders en een beginnend snorretje in een aarden pot. Daar ben ik nog niet mee klaar.

Dag Bolle, help mij een beetje als dat zou kunnen, ik weet ook niet hoe. Dat heb je dus als je leeft, dat je 't niet meer wéét. Zoveel snoep op tafel, chocolade en marsepein, ik zal je melktand-vol-gaten (die draag ik in een hangertje om mijn hals) nog een keer aan je kleine broer moeten laten zien. Twee snoepdozen van jongens. Zeg 'Dáág sinterklaas'.

Sinterklaasdag, donderdag 6 december, 's nachts

Ik heb te veel gedronken, maar dat kan jij niet erg vinden. Jij vond het een beetje lollig als ik een keer dronken was. Eén keer liet je mij met een lucifer een kaars aansteken, die je dan weer uitblies, zodat ik nog een keer moest proberen het vlammetje tegen de lont te mikken, en nog een keer, en jullie maar lachen. Ik moet erg dronken zijn geweest.

Nu ook, want ik heb Mathias gezien, en toen ik thuiskwam, waren er vrienden van Guy. Ik heb geprobeerd te vertellen over verdriet en wanhoop, maar dat was geen goed idee. Mensen zijn allergisch voor ernst, voor zware gevoelens, voor duisternis in andere mensen, voor dood.

Dat heb jij ook ervaren toen je ziek was, en je bent er één keer boos om geworden. Ik weet het nog precies.

Ik heb je bed in het huis in Fuilla gelaten toen we terug naar hier verhuisden. Het kon niet meer op de vrachtwagen, en ik denk dat ik dacht dat het zo moest: altijd maar meer achterlaten, dingen van jou wegdoen, tot er alleen nog beelden in mijn hoofd achterblijven.

Maar ik ben wel je as terug gaan halen, dus er klopt geen bal van.

Ik leef nu al drie jaar zonder jou en dikwijls overvalt mij de moedeloosheid, de gedachte dat ik dat niet langer kan, dat ik niet meer weet hoe het nog langer, voor altijd, moet.

Maandag 17 december

Doodgewoon gelukkig

Ik sta er niet altijd bij stil, bij de herdenkingsdagen. Het zijn er te veel, en ik weet toch niet hoe ik iets herdenkingsachtigs moet doen. Ik zou het kunnen blijven vermelden: 'Gisteren was je begrafenis, gisteren drie jaar geleden', het is alleen maar een manier om te beletten dat je ook door, of onder, de tijd zou worden begraven.

Ik blijf denken dat de mensen het ongemakkelijk vinden als ik over jou praat, of over mijzelf en waar ik vastgelopen ben. Vandaag dacht ik dat er ergens onderin mij nog steeds heel veel woede moet zitten. Soms kan ik ze voelen. Ik kan er niks mee, ik moet ze tegenhouden, beheersen, terugdringen. Ze is ook helemaal niet in verhouding met de aanleidingen die haar soms wakker maken. Deze week is nog een keer thera-peutenweek. Ik hoop wel dat ze mij kunnen helpen, want zo gaat het werkelijk niet goed. Guy en Piet werken aan een zol-derkamer voor mij, een kamer waar ik ongestoord tijd met jou kan doorbrengen, een toevluchtshaven voor de gehavenden van geest. Het duurt nog maanden voor ze klaar is.

Ik doe helemaal niks goeds, ik kan mijzelf niet uitstaan in deze depressieve toestand, ik heb geen geduld, niet met mezelf en niet met de rest van de mensheid.

Ik probeer wegen te bedenken, ik weet niet waarheen die dan zouden moeten leiden, ik weet alleen dat ik op weg zou moeten gaan, dat ik dat gevoel nodig heb van minstens op weg te zijn. Zolang er niets gebeurt, kan ik ook niet uitvinden of het een goede weg zou zijn.

Ze zeggen dat het zelfbewustzijn mensen tot mensen maakt, waardoor ze, anders dan de dieren, zoeken naar de zin van hun bestaan of van het leven in het algemeen.

Als een mens gelukkig is, kan hij volgens mij veel beter met die vragen om. Misschien gewoon omdat hij zich dan niet zo afvraagt wat de zin is van gelukkig zijn, dat doet er immers niet zo toe dan. Het is eenvoudig heerlijk om gelukkig te zijn, ook al weet je dan nog steeds dat je uiteindelijk toch wel dood gaat, en dat het leven maar is wat het is.

Pas als het lijden aan de orde is, worden die vragen zo prangend, omdat een antwoord waarin je kunt geloven precies een verlichting van het lijden inhoudt. De pijn zelf verliest aan gewicht, het gewicht wordt verdeeld over een grotere oppervlakte, die oppervlakte wordt beschreven met een voor véle mensen betekenisvolle samenhang, en de pijn is daar maar een (zinvol?) onderdeeltje van. In mijn ogen is het dan geen naakte, rauwe pijn meer.

Ik heb vandaag de tekst van een liedje op glas geschilderd en ingelijst, hij hangt boven je steen. Het is een stukje van een popliedje, uit de hitparade zelfs. Marieke vindt het ook mooi:

'Tell me, did you sail across the sun,
did you make it to the Milky Way,
did you see the lights all faded, and that heaven is overrated.

Tell me, did the wind sweep you off your feet,
Did you finally get the chance to dance along the light of day,
And head back to the Milky Way'

Ik vond dat mooie beelden, ik kan er me de reis van je ziel bij voorstellen. Ik heb nog steeds de neiging omhoog te kijken als ik aan de doden denk, in plaats van naar beneden, naar de aarde. Die beelden raak je niet kwijt als je daar niet je uiterste best voor doet, maar waarom zou je dat doen? Schoonheid en troost. Beelden die rust en vrede brengen, voor even, in een woelig hoofd met overvolle, rommelige hersenkamers die dringend moeten worden opgeruimd.

Ik wou dat ik je ooit eens had kunnen zien dansen, met een meisje.

Weet je nog die oudejaarsavond die we met al mijn broers en zussen in een huurhuisje in Denemarken doorbrachten? Je was nog geen tien en je danste zoals ik nog nooit iemand had zien dansen. Niet gehinderd door enig gevoel voor ritme, met schokkende bewegingen, alsof je hele elektrische circuit vol kortsluitingen zat. Ik hield waanzinnig veel van je op dat moment, terwijl ik zo naar je zat te kijken. Dat kan ik nu soms met Robbe hebben, en met Marieke, dat mijn hart overloopt van liefde.

Ik kan nu nog opeens boos worden op mensen van wie ik vind dat ze niet genoeg van jou hebben gehouden. Dan houd ik in mijn hoofd vernietigende toespraken over hun kleinheid, en gloedvolle pleidooien over jouw grootheid. Dat is de woede in combinatie met een wanhopig soort moederliefde. Dat zijn dingen die er beter niet uitkomen. Maar hoe doe je dat? Woede kwijtraken, of omzetten in iets beters? Ik heb geen flauw idee. Misschien gebeurt het gewoon als de tijd rijp is. Eigenlijk dacht ik dat ik de woede die mij zo eigen was, was kwijtgeraakt toen je stierf: dat ze met de rest van mijzelf mee was lamgeslagen, maar zo is het niet. Zelfbedrog, niet bewust, want ik kon ze echt niet voelen. Nu weer wel, ook als ik bloednuchter ben. Zou ik eigenlijk vooral boos op mezelf zijn? Zou ik daarom ook zo graag alleen zijn, omdat ik mij dan ook voor die woede veiliger voel? Verdriet dat uitbreekt na te zijn gekooid, is een wild beest met een slecht, opruiend karakter: het zet ook andere gevangenen aan tot ontsnappen. Je kunt losgebarsten verdriet niet weer terug in een kamertje apart opsluiten, zo lijkt het niet te werken. Sluizen open, allemaal tegelijk. Of kom ik gewoon weer tot leven?

Ik had, en heb, het moeilijk met theatraal gedrag, dramatische scènes, met een hoofdrol in de woonkamer. Ik ben doodsbang om zo te doen, mijn maag raakt in de knoop bij de gedachte alleen al. Maar in emotioneel heel moeilijke situaties komt zoiets helemaal niet van pas. Je verkrampt ervan, je wilt die emotie beheersen, in plaats van ze te laten zijn, met een eventueel luidruchtige huilbui erbij.

So what? Misschien is dat beter, misschien zelfs échter. Maar mij lukt het niet. Ik moet met alcohol de muren slopen, anders praat ik niet, anders huil ik niet. Aan roepen en schreeuwen ben ik zelfs mét alcohol nooit toegekomen. Het lijkt mij zinvol om te kunnen roepen. Oerklanken uit de buik, ik weet dat ze bestaan, want ik heb drie kinderen op de wereld gezet. Bij hun geboorte mag het, het zou bij hun dood ook moeten mogen.

Ik word verdorie veertig jaar, en daar zit ik nu dus allemaal mee. Ballast, dingen waar ik niets mee kan, en die verhinderen dat ik op andere vlakken tenminste vooruit kan. Ik draai in een kringetje rond.

Je vader

Ik mis jou ook, Tim, omdat Marieke zo'n koude is, tegenover mij in elk geval. Misschien zelfs alleen tegenover mij, en Guy, en de laatste tijd ook tegenover Robbe. Haar gezin dus.

Bij pappie hangt een diploma van 'de beste vader van de wereld'. Dat heeft zij voor hem gemaakt. Ze hebben altijd wel een boon voor elkaar gehad. Marieke was een vaderskind, en dat wordt ze steeds meer. Hoewel, jij had ook een zwak voor pappie. Misschien wist je niet dat hij het met jou altijd al veel lastiger had gevonden. Ik denk dat ik ook daardoor nog meer van jou ben gaan houden, jij was veel meer mijn zoon dan die van je vader. Dat is tijdens je ziekte en na je dood steeds duidelijker geworden. Ik denk dat die twee het daarom zo goed kunnen vinden en je niet zo erg missen, ze hebben elkaar. Goed voor hen.

De verkilling en de branding

Ik weet wel dat ik voor Marieke niet helemaal overbodig ben, en ik hoop dat ze naarmate ze ouder wordt wat meer aan mij zal hebben en wat dichterbij zal komen, maar nu is dat nog niet zo. Ik zorg voor een thuis in de mate van mijn mogelijkheden, en soms krijg ik een opvoedingskramp, maar die zijn zeldzaam. Ik durf niet meer zo goed, ik heb haar sinds je dood en sinds we in de Pyreneeën zijn gaan wonen – en weer zijn teruggekeerd – willen ontzien, ik heb zacht willen zijn. Ik heb niet de indruk dat zij dat zo gevoeld heeft. Ik denk dat ik fouten heb gemaakt tegenover haar, in de periode vlak na je dood. Wat kan ik zeggen? 'Sorry, meid, voor de verkilling, sorry dat ik niet genoeg warmte voor je vond in mijn versteende hart.

Het spijt me dat ik jou, mijn kleine meid, de troost heb onthouden die je zo hard nodig had. Sorry dat ik je in de steek liet. Ik begrijp dat ik daar de gevolgen van moet dragen, ik heb het aan mijzelf te danken.' Zo ver ben ik nog niet.

Al sinds je stierf ben ik niet meer die vastberaden mammie die ik was, Tim, maar ik weet niet of het goed, ik weet zelfs niet of het mogelijk is, om dat opnieuw proberen te worden. Ik ben geen rots in de branding, ik ben de branding.

Soms voel ik ondanks alles de woede ook tegenover Marieke, omdat ze zo onvriendelijk en onverschillig kan zijn. Dat is mijn straf voor de verwijdering die ik toen heb laten ontstaan, maar soms word ik er radeloos van. Er is iets in mij dat andere mensen afstoot, iets waar andere mensen niets van moeten weten. Mijn moeder was een van die mensen, en ik vrees dat mijn dochter zich ook niet zeer tot mij aangetrokken voelt. Ooit moesten ze in de les Engels hun moeder beschrijven. Marieke was zeer bondig: 'My mother is very clever, and when she's angry, she *really* is.' Zou ze mij altijd zo hebben gezien? En nog steeds? Jammer toch?

Guy heeft ook zeer regelmatig een hekel aan mij, aan de dingen die ik denk, of zeg. Ook daarom is alleen zijn een grote verlichting, dan kan ik niet voelen dat ik afstoot.

Herinnering

Het was zo heerlijk (een woord dat ik nooit mondeling gebruik omdat het dan zo overdreven klinkt), het was écht heerlijk om je te zien veranderen in het eerste jaar van de 'grote' school. Zo vrolijk werd je, en je wilde met mij vechten en je krachten meten, en ik gaf alles wat ik had om je niet te laten triomferen en om mijn eer te redden. Maar je triomfeerde en mijn eer was meer dan ooit gered, want ik had een sterke zoon. En je had in Mathias eindelijk een goede vriend gevonden. Dat heb ik hem geschreven, dat hij een deel van het geluk van je laatste jaren heeft meegebracht.

Het was toen heel fijn om jou in huis te hebben, en ik ben voor een tijd een heel gelukkige moeder van drie geweest. Ik dacht toen ook dat je mij wel een leuke mammie vond, en ik weet nu hoe ongelooflijk belangrijk dat voor mij is geweest en misschien steeds méér is. Je zag het wel zitten met de mammie die ik was, en ik ben je daar dankbaar voor. Intussen blijkt dat ik jou nodig heb om mij een goede moeder te voelen, want nu gaat het niet best. Niet met je zus en mij. Warmte tussen twee mensen kun je niet toveren, niet eisen, maar in de kou worden die twee mensen allebei harder en eenzamer. Ik sta erbij, en ik kijk ernaar. Ik kan ook haar eenzaamheid zien, haar heldenmoed, haar verlorenheid, haar verscheurdheid. Maar dat wil ze niet. Mijn toespraken worden onbeweeglijk aangehoord. Iemand anders moet het roer overnemen of een reddingssloep uitzetten. Laat haar niet verdrinken.

Ik denk veel na, Tim, bijna de hele tijd. Zeno's moeder ook. We hebben elkaar geschreven. Zeno was ook veertien toen hij stierf. Ik herinner mij de enorme poster van Kurt Cobain op de steriele kamer waar hij lag. Je kunt alles zien in de glazen kooitjes van kinderen met kanker. Moeders en kinderen, moeders zonder grote zonen, met grote dochters, ooit zullen we glimlachen om onze stille gevechten, en elkaar omhelzen.

Maandag 24 december

Je verjaardag

Vandaag zou je zeventien zijn geworden, en een boom van een zoon. Vanavond vieren we kerstavond, voor het eerst sinds je dood met ons drieën. De twee vorige jaren hadden we gasten in Fuilla, en het eerste jaar waren we door de middelpuntvliedende kracht van je dood uit elkaar geslagen. Robbe was bij een van zijn grootmoeders, ik weet niet meer welke, Marieke was met pappie gaan skiën, en ik was met Guy naar Marrakech gevlucht, ik dacht dat de zon en de vreemde sfeer mijn gedachten zouden verzetten. Hoe dwaas een mens kan zijn.

De T.

Ik heb deze week veel geluisterd, naar therapeuten dan. Daar betaal je ze voor als je zelf niet veel wilt praten, en dat doen ze wel graag, raad geven in vage termen. De boodschap is dat er moeilijke dingen moeten gebeuren in mijn leven, dingen waar ik nu geen weg mee weet. Ik ben te moe en te bang om beslissingen te nemen. Ik weet niet of wij nog van elkaar houden, Guy en ik. Volgens een van de T. moet deze relatie ofwel eindigen, ofwel moet ik er weer helemaal 'voor gáán' (een van de meest irritante en werkelijk overal doorgedrongen uitdrukkingen in brede lagen van de samenleving de laatste jaren) omdat de liefde nodig is om dingen in beweging te brengen. En als die liefde er niet meer is, moet de vrijheid er zijn om uit de inertie te komen. Ik weet niet of jij het woord inertie al zou kennen, misschien vanuit de fysicales. Guy is zelfs ook naar zo'n T. geweest, en op het einde van de sessie strooide die man een bundel kleurpotloodjes over zijn buik, om redenen die wel altijd duister en onduidelijk zullen blijven, voor nuchtere zielen als wij in elk geval.

Ik vrees dat ik, als ik heel eerlijk ben, moet toegeven dat ik niet meer kan geloven in onze liefde, vooral niet in mijn eigen opdracht daarin. Er is iets fout gegaan, gebroken, toen jij ziek werd. Ik denk dat hij geen flauw benul had van wat er eigenlijk allemaal gebeurde tot hij je voor de laatste keer slaapwel kwam zeggen. Ik denk dat hij in de drie jaar die sindsdien zijn verstreken, geen flauw benul heeft gehad van de verwoestingen in mijn wezen. En dus kan ik, volgens die T., niet meer afhankelijk van hem zijn, en dus geen echte vrouw zijn, en nooit mijn tegengestelde vinden (in mijn man), en dus ook nooit volledig worden. Nou. Het heeft weinig zin daar zeer diep op in te gaan. Volgens mij behoren die verklaringen alleen maar tot de interne logica van het systeem waartoe deze T. zichzélf heeft bekeerd. Zo hebben de meesten een in hun ogen sluitend systeem waarbinnen zij opereren. Het werkt als een geloofsovertuiging, die kan ook veel oplossen als je maar eenmaal bekeerd raakt.

Los daarvan ben ik gewoon bang. Ik heb niet meer de moed om een breuk te veroorzaken. Ik vind de liefde tussen man en vrouw niet meer zo belangrijk, ze beroert mij niet meer, ze laat mij koud. Maar Robbe is zo gewend aan ons allebei, net als jij en Marieke toen met pappie. Ik weet best dat jullie hebben geleden toen wij uit elkaar gingen, en dat dat lang heeft geduurd, en dat ik daar niet voldoende bij stil heb willen staan, omdat het leven toen vóór mij lag. Ik was nog jong toen, vond ik, en de liefde tussen man en vrouw liet mij toen niét koud. Integendeel, het was mijn diepste verlangen een zielsverwant te vinden, waar ik ook lichamelijk zeer dol op zou zijn en blijven. Daar nemen sommige mensen grote risico's voor, en breken ze het nest van hun kinderen voor op. Nu denk ik dat ik niet nog een keer het verdriet van een van mijn kinderen op mijn geweten wil. Daarom durfde ik ook niet in Frankrijk te blijven, omdat Marieke er zo ongelukkig was.

Eigenlijk is mij gezegd dat jouw dood en mijn verdriet daarover niet van zo'n cruciaal belang in mijn leven zijn als ik zelf denk. Daar werd ik boos om op die man, die dat zomaar poneerde, maar ik ben intussen gekalmeerd, en bereid een eind mee te gaan: van nature zou ik wel weer ten volle willen leven, denk ik, en misschien is, ondanks de ravage vanbinnen, de essentie van mijn persoon niet dood. Misschien zit de kracht van de mens helemaal in zijn kern en weet hij die soms niet te vinden, bijvoorbeeld doordat het zicht wordt vertroebeld door schuld en boete, verlangen en frustratie, verstoorde emoties, grote emoties, de combinatie van kerkhoven en kleuterklassen en puberstiltes, de muren om jezelf, gebouwd met de vastberadenheid die pure wanhoop weleens kenmerkt.

Maar een leugen mag niet meer mogelijk zijn, niet een grote, lange leugen in de spiegel of in bed. Ik moet weer leren zien wat ik echt wil, en wat ik echt ben, zoals alle mensen in depressies. Alleen dan zal die diepe behoefte aan zingeving niet steevast uitlopen op ontgoocheling en mijn eigen ontmaskering van mijn eigen zelfbedrog.

Mensen die een kind verliezen, zeggen dat ze een beetje mee zijn doodgegaan. Dat zeg ik ook weleens, maar hier ben ik, schrijvend en zoekend en denkend, en daar moét ik iets mee.

Ik zou graag kunnen leven zonder pijn te doen, maar als je het op langere termijn bekijkt, gaat het over opengooien, ruimte scheppen, dammen afbreken en het water weer laten stromen. In stromend water zit meer vis, zei de T. Ik wil graag oprecht blijven (of worden?) tegenover mijzelf, mijn man en de kinderen. En ik ben heel bang dat dit gezin nog meer uit elkaar valt, we zullen allemaal nog eenzamer worden. Toch denk ik dat dit mijn laatste nieuwjaar met Guy wordt. Misschien kan hij dan een vrouw vinden die helemaal kan liefhebben. Geluk kun je niet kopen, maar je kunt er wel ruimte voor maken.

Ik weet niet of ik met jou over deze grotemensendingen zou hebben gesproken, ik weet niet of ze zich zouden hebben voorgedaan als jij nu nog zou leven. Ik zou het wel gewild hebben, erover spreken, denk ik, want je kunt grote kinderen eigenlijk niet niét betrekken bij dit soort beslissingen. Ik merk ook aan Marieke dat jonge mensen soms zeer scherpe inzichten hebben. Ze zijn redelijk nuchter, onverbiddelijk soms, en cool, Bolle, jullie zijn zo cool.

Ik moet nu overal de kaarsjes vervangen en aansteken, en dan geitenkaasjes maken voor je zus, daar is ze dol op. Laten we proberen deze dagen toch gezellig te maken.

Robbe kijkt naar Harry Potter (hij zegt Hali Podder). Marieke wil geen kinderen, zegt ze met een overtuiging waar je van alles achter vermoedt.

Het is belangrijk om warme mensen in je leven te hebben. We zijn er een kwijt, we hadden je nog zo nodig. Ik omhels je, je bent nu bijna een man in mijn gedachten. Ik kan je mij niet meer voorstellen met een dikke, blonde haardos. Gelukkige verjaardag, mijn zoon.

Woensdag 26 december

Eventjes de beklemming wegschrijven.

Ik kon weer niet slapen. Gisteren was het kerstfeest met de hele familie. Ik had ze in vier jaar niet gezien.

Je grootmoeder heeft een toespraak gehouden, een kleintje, en daarin was plaats voor iedereen die er niet meer is. Opa en Meterke, vader, en Tim. Van jou dachten we dat je de kleintjes zou entertainen, dat deed je vroeger altijd. Marieke heeft het nu gedaan. Ze was doodmoe. Robbe werkt haar op de zenuwen.

Ik lijk aan niets anders meer te kunnen denken dan aan naderend onheil, aan dit gezin dat op springen staat, aan wat er dan van iedereen moet worden. Ik durf er geen gesprek over te beginnen, dat zal zó onaangenaam zijn. Zal er nog meer verdriet, nog meer afscheid, nog meer rouw over ons moeten komen? Moet ik weggaan om van de beklemming af te komen? Ik wil die verantwoordelijkheid niet. Ik voel mij een bedrieger, omdat ik hier ben en gewoon verder doe, terwijl ik de hele tijd aan weggaan denk, aan ontsnappen.

Zondag 30 december

Breuk

De kogel is door de kerk, zoals dat heet: Guy is een paar dagen bij Michaël en Véronique. Hij kan daar een tijdje blijven tot we een regeling hebben uitgewerkt. Het is er allemaal uitgevlogen, ik vertel je niet wanneer en hoe, want dat hoeven mijn kinderen niet te weten, en het was helemaal geen nobel gebeuren... Ik schaam mij eigenlijk. Ik wil dit soort dingen niet onthouden. Ze zijn te pijnlijk, en wat je eruit kunt of moet leren, wordt ook zo wel duidelijk, zonder de lelijke omstandigheden.

De kinderen zijn ook weg. Ik hoor alleen mijn pen. Ik geloof dat dit nu moet, en veel verder kan ik niet denken. Veel positieve verwachtingen had ik toch niet meer. Ik wilde alleen van dingen áf, wist alleen wat ik niét meer kon. 2001: de totale desintegratie. Alles weg. Geen huis in de bergen meer, geen werk meer, geen man meer, geen plan meer, geen dromen meer. Een dochter van vijftien, een kleine jongen van viereneenhalf, en een dode zoon van zeventien.

Misschien maak ik ooit nog iets van mijn leven, misschien ook niet. What doesn't kill you, makes you stronger? Ik heb daar grote vragen bij. Het is zo onuitstaanbaar positieverig.

Intussen kan het mij niet meer schelen of er leven is na de dood. Ik geloof vast dat ik, als ikzelf doodga, jou zal zien. Ik zal jouw beeld op mij zien wachten, en het geeft niet wat er daarna komt, dat zien we dan wel weer. Ik zal je nog zien, ook nog in mijn dromen. Houd me dan een keer vast. Eenzaamheid is net zo goed een trauma, ik kies ervoor om daarnaar te leven. De mensheid heeft aan mij niet veel verloren. Rust, en alleen zijn, een goed alternatief voor kapotte mensen.

Ik heb ontgoocheld, en ben ontgoocheld. Als ik dood ga, zal ik moe zijn: van het verliezen, het proberen en het falen. Daarvoor zou ik nog iets goeds moeten doen.

Ik word veertig jaar, Tim. Ik weet nog dat ik, toen je nog een baby was, uitrekende hoe oud jij en ik zouden zijn in het jaar 2000. Geen moment kwam de gedachte bij me op dat je het niet eens zou halen, 2000. Het magische jaartal van de toekomst en de jeugd, zo leek dat toen.

Bolle toch, ik heb echt ooit geloofd dat het leven een cadeautje was dat je alleen maar zelf moest uitpakken. Daar ben ik toch van teruggekomen. Zeg nog een keer 'maar mammie toch'.

Oudejaarsavond,
maandag 31 december, alleen

Ik drink champagne met mijzelf. Ik drink op de laatste avond van een afbraakjaar. Ik drink nog meer op het begin van een nieuw jaar. Ik mag niet vergeten de kaarsen uit te blazen.

Brief aan Guy,
Dinsdag 1 januari

Verklaring aan mijn man

Ik ben net thuis. Het is niet erg of eenzaam om alleen thuis te komen als je een lieve brief vindt. Dank je wel. Het is hier zo stil, zo zalig stil, en midden in die stilte is er toch een teken dat je aan mij denkt en ondanks alles van me houdt. Het hoefde zelfs niet, maar het doet deugd. Ik had het huis schoongemaakt vanmorgen, en de was gedaan. Ik zal een vaatwasmachine kopen, voor de afwashaters in dit huis.

De stilte doet me zo goed. Ik kan ademen, word rustiger. De beklemming rond mijn borst is er nog, maar als ik veel zal kunnen ademen, gaat die ook wel weg. Ik heb vanmorgen gelezen over rouw en over de taken (vier zijn er) die een mens in rouw moet volbrengen. Ik zit vast in de tweede of de derde rouwtaak. Dat houdt in dat ik nog moeilijk functioneer in mijn omgeving, dat ik mij eigenlijk nog moet aanpassen aan deze wereld zonder Tim. Aan (zo staat het er) 'een omgeving zonder de overledene'. Ik heb ook de tweede taak nog niet helemaal af, omdat ik de pijn en het verdriet heb verdrongen, voor zover dat mogelijk was, omdat jullie er waren en omdat we in Frankrijk wel hard moesten werken. En je kunt geen mensen ontvangen en verzorgen als je zelf de hele tijd loopt te huilen. Achteraf wordt het wel moeilijker en complexer om het verdriet van toen de vrije loop te laten. Achteraf krijg je 'symptomen'. Ik denk dat die beklemming en ademnood zoiets als symptomen zijn. Verdriet is eigenlijk zeer interessant, vind je niet? De vierde taak luidt: 'emotionele energie losmaken van de overledene en weer investeren in andere mensen'. Mensen die dat niet kunnen, willen zich niet meer binden, kunnen niet meer houden van. 'Voor velen is dit de moeilijkste taak: sommigen lopen vast en stellen pas veel later vast dat hun leven in zekere zin stil is gaan staan op het moment van het verlies.' Zo hoor je 't ook eens van een ander, van een specialist zelfs. En inderdaad, daarmee gaat een gevoel van verstikking in de borst gepaard.

Ik wil eigenlijk weg van de wereld van de mensen. Zo ben ik altijd al een beetje geweest, dus het kan niet helemaal door deze uitgestelde rouwdepressie komen. Ik denk dat ik veel geweld heb gepleegd tegen mijzelf, omdat het in onze wereld niet natuurlijk is om alleen te willen zijn. En omdat ik zo graag een echte zielsverwant wilde vinden. Mijn zoektocht en verlangen naar jouw nabijheid (niet geografisch, zelfs niet lichamelijk) vonden een einde in het ziekenhuis, in dat kleine, zielige rokershok aan de ingang. Ik zat daar te huilen van ellende en verschrikkelijke emoties en angsten en eenzaamheid na de eerste zware operatie. Ik had Tim wakker zien worden (wat mooier klinkt dan de strijd die ik had aanschouwd) op intensieve zorgen en jij kon niet blijven, want je moest naar een van je maten. Ondanks mijn intense zorgen. Tims vader was ook in de verste verten niet te bekennen. Ik weet dat de eenzaamheid toen, op dat moment, tot een soort trauma is verworden. Daarna heb ik het nooit meer echt gekund. Mijn geloof in de liefde tussen twee partners is daar gebroken. Zo gaat dat. Er zijn in een leven, of in een relatie tussen twee mensen (het kunnen ook vrienden, of ouders en kinderen zijn), van die cruciale momenten, momenten die meer betekenis krijgen dan andere, waar veel wordt aan opgehangen.

Misschien bestaat daar in de psychologie wel een woord voor, maar dat ken ik dus niet. Een soort kantelmoment, of scharnierdinges of zo. Dat heeft niets met kwade wil te maken, noch met cultiveren van zelfmedelijden, noch met overdrijven. Misschien kon jij niet weten hoe ik er toen aan toe was, maar als je goed had gekeken en geluisterd, dan had je 't wél geweten. Je was Tims vader niet, maar wel mijn man. En dat moment was voor mij, ook letterlijk, een breekpunt. Ik weet dat je later je best hebt gedaan, stilletjes aan, maar het eerste jaar na 'het verlies van de overledene', de eerste lente en zomer in Fuilla, begreep je er nog geen bal van. Ook al probeerde ik dan nog soms te vragen om mee-te-lijden, om te luisteren en te kijken naar mijn pijn. Je kon het niet. Je was boos omdat ik niet genoeg om je gaf, met jou bezig was, seks had. Ik heb een hekel aan seks en lichamelijke intimiteit gekregen. Ik vind het sowieso een overschrijden van mijn grenzen, ik vind het belang ervan compleet overtrokken en overschat. Het maakt dat ik mij vuil en besmeurd voel, en doodgewoon. Als ik dronken ben, durf ik al eens bij iemand op schoot te gaan zitten, mijn zatte hart zoekt dan genegenheid, en vindt een ersatz, en achteraf haat ik mezelf daarvoor. Ik kan mijzelf alleen oké vinden als moeder van mijn zonen, niet van mijn dochter, want mijn dochter duwt mij weg. Ik kan mijzelf alleen maar armzalig en meelijwekkend vinden als iemands vrouw, ik geloof niet meer in dat soort liefde. Ik heb er al verschillende keren alles voor willen geven, bij jou zelfs in de gedaante van een onnozele kwijlende schoothond. Ik ben niets vergeten, littekens zijn het. Ik had hoge, 'schone' verwachtingen, maar er is veel kapot: mijn dromen over liefde, over een leven in de bergen, over een hechte band met mijn kinderen. Mijn dode kind is mij het meest nabij, Marie-

Eerst moet ik helen, en als dat gebeurd zal zijn, kan ik weer 'voltallig' moeder zijn, misschien zelfs vrouw. Jij hoeft daar niet op te wachten, je bent zo vrij als je wilt zijn, als man dan, niet als vader. Ik kan hier in dit donkere huis in de stad niet genezen, jullie moeten het eventjes zelf uitzoeken. Ik wil een blokhut in de bossen, ik moet mij met het geld van het huis in Fuilla een stil leven kopen. Als ik daar veel kan zijn, en mij weer vol leven kan ademen, komt misschien de liefde terug. Taak drie van de rouwenden. Buitenshuiswerk.

Dennennaalden

Ik ga op zoek naar een plek in de natuur. Ik weet dat ik weg-loop en weglopen is niet goed, zeggen ze. Dat heb ik ook altijd geleerd, maar ik denk dat het een misverstand is om te gelo-ven dat je beter kunt blijven zitten om de desintegratie te zien vorderen, dan om te vluchten met de bedoeling je krachten te hervinden. Ik ga de confrontatie met de problemen niet uit de weg, maar ik neem de vrijheid om mijn eigen oplossing te zoe-ken. En dat moet op verplaatsing, weg van hier. Ik weet niet voor hoe lang, zo ver en helder kan ik niet kijken.

Ik kan niet helemaal opgeven, en eigenlijk wil ik ook niet doodgaan, want ik weet hoe de lente ruikt. En hoe de zon door de bomen dringt. En hoe zacht het lopen op dennennaalden is. En hoe het water van een riviertje klatert of zachtjes ruist. En hoe glad de rotsen onder mijn bergschoenen zijn. En hoe het voelt om op de top van een berg te staan, hoe spieren zich spannen bij klimmen en dalen, en hoe een houtvuur kan branden, hoe stil de stilte kan zijn, hoe ver de verte, hoe groot en warm de liefde die ik voel als ik kijk naar Robbe die een paddestoel schildert.

Ik vraag je met deze brief om een sterke man te zijn, met een ongewone opdracht. Ik weet dat ik veel vraag, en dat je kunt weigeren. Maar ik weet dat je nog genoeg van mij houdt om mij de leegte te geven die ik nodig heb om weer te leren geven. Wees niet boos, laat mij los, maar niet helemaal. Ik hoef, ik wil niemand aan mijn zij, voor een tijd. Laat mij eventjes vallen, dan pas kan ik proberen weer naar boven te klimmen. Laat mij herstellen van alle verlies. Niemand hoeft het te begrijpen, alleen jij. Want wij zijn wij. En we zijn altijd wel een béétje raar geweest.

Zoen,

Mie

Donderdag 3 januari, huurhuisje in de Ardennen

Dag Bolle,

Guy is thuis met Marieke en Robbe. Hij had mijn brief (de langste brief ooit) gelezen, en hij zei dat hij het begrijpt. Marieke zegt er niets over. Wat had ik ook verwacht, en wat kan een kind zeggen als haar moeder wegloopt, al is het maar voor even.

Ik heb hier een vrouw ontmoet die achttien jaar geleden een baby heeft verloren, en ze lijkt mij nog steeds boos, veel bozer dan ik. Morgen wordt Guy's grootvader begraven, hij is 92 jaar geworden, en ingeslapen. Veel moet daar niet over worden gezegd, alleen maar dank u wel.

Morgen maak ik een lange wandeling.

Marieke verlangt er zo naar om groot te zijn, naar de universiteit te gaan. In 2004.

Er is nu tenminste iets in beweging gebracht. Er stak alleen nog maar een hand uit het moeras. Nu heeft die hand toch al een tak vast, en misschien hangt aan die tak een boom, en misschien stond die boom wel op de bergen. Hallie hallo.

Nu ga ik eten. Ik hield erg veel van je, Bolle.

Het is laat. Het vriest stenen uit de grond, en het wordt hier niet warm. Ik moet denken aan die vrouw, die vertelde over haar baby die doodging en die zei dat ik mijn zoon tenminste had 'gehad'. Daar schrok ik van. Ze zei het een beetje bitter. Zo had ik het nog niet bekeken. 'Jij hebt herinneringen,' zei ze, 'en die heb ik niet.' Ik weet niet of het hebben van herinneringen een verlies gemakkelijker te dragen maakt. Het is een ander soort gemis. Een gemis van iets wat je nooit echt hebt gekend, maar negen maanden in jezelf hebt gedragen. Het moet heel anders zijn, maar de pijn was nog niet helemaal weg, na achttien jaar.

Ik heb haar met haar dochters bezig gezien, en daar was ik jaloers op.

Soms denk ik in een flits dat het toch de liefde zal zijn die mij zal redden. Die van Guy, als ze een andere vorm kon aannemen. Omdat ik dan van de totale verlorenheid gespaard blijf. Laat er ergens iemand op mij wachten. In dit leven, Tim, niet in de dood.

Vrijdag 25 januari

Je zus

Marieke heeft mijn brief beantwoord. Ik had daar eerlijk gezegd nogal op aangedrongen, ik hield het niet meer. Ze zegt dat wij niet te vergelijken zijn met andere gezinnen, andere moeders en dochters (dat doe ik soms als ik meen gezien te hebben hoe goed haar vriendinnen met hun moeder omgaan), omdat die eenvoudigweg niet hebben meegemaakt wat er met ons is gebeurd. Ze zegt dat ik niet de enige ben met 'depriperiodes', dat ze soms zelf met haar gedachten helemaal ergens anders zit. Dat ze dan bijvoorbeeld denkt dat zij er beter niet meer zou zijn in plaats van jij, want dat zij mij alleen maar miserie bezorgt. En ze zegt dat ik moet proberen het ook eens vanuit haar standpunt te zien. Ze zegt er zelf bij dat ik daarop zou antwoorden dat ik dat niet kan omdat ik zo weinig over haar weet. Ze vertelt dat het voor haar zo is: 'Mijn broer sterft, ik blijf achter met schuldgevoelens omdat we geen beste maatjes waren. Het ging zes maanden over Tim, als ze mij iets vroegen, ging het over Tim. Ik bleef zes maanden op de achtergrond.' Ze vindt het kinderachtig van zichzelf dat ze zo jaloers was op de aandacht die jij kreeg, maar zo was het, zo voelde zij zich. Ik vind dat niet kinderachtig. Soms dacht ik daaraan in het ziekenhuis, naast jouw bed: dat ik mijn andere kinderen verwaarloosde. En zij wás ook nog een kind, ze zou twaalf worden.

En na die zes maanden (ik denk dat ze het over de periode van je ziekte heeft) moest ze over 'het gebeuren' praten en

55

praten tegen en van iedereen (behalve van mij, want ik kon het zelf niet). Ze zegt dat het toen over MIJ ging, nog steeds niet over haar. Ik zal daar geen commentaar op geven: Marieke is aan het woord, en ik was er niet bij.

Ze gaat verder – ze heeft geen medelijden: 'En nu ben je depressief, en je laat je af en toe eens goed gaan in drank en sigaretten. En dan wil je met mij praten over Tim, maar alleen voor jezelf. Want JIJ wilt praten. Bovendien verhuizen we naar Frankrijk, waardoor ik mijn vrienden moet opgeven, maar ik durfde daar niets over te zeggen. Je wilde het immers zo graag en je had al genoeg geleden, dus moest ik me maar aanpassen. Dat lukte maar niet, maar ik zou hebben gezwegen en zijn gebleven als jij dat had gewild. En ik heb wel degelijk geprobeerd mij aan te passen.'

Ze zegt dat wij twee volledig verschillende karakters zijn: ik wil over jou spreken en zij wil dat niet, zij is niet zo. Zij verwerkt alles anders dan ik. Ze moét wel aan je denken omdat ik haar er maar op blijf wijzen, altijd. Door de dubbelzinnige of niet dubbelzinnige dingen die ik zeg, door deze depressie, door te veel te drinken. Door alles wat ik doe en niet doe, eigenlijk. Door er te zijn, door te bestaan. En dat beneemt haar de adem (dat zijn al twee adem-loze mensen in huis).

Zij kan mij niet helpen, zegt ze, ze wil het niet en ze kan het niet. Ze wijst mij erop dat ik hier niet alleen ben.

Ik was niét goed van deze brief. Is het de waarheid die kwetst? Is het haar waarheid die botst met de mijne? Ik kreeg in elk geval, zoals altijd als ik mij beschuldigd of aangevallen voel, de drang om mij te verdedigen. Ik voel mij nog steeds vlug aangevallen. Ik vind dat ik in die drie jaar helemaal niet dikwijls over jou heb willen praten. Zoals je in boeken leest dat praten belangrijk is, zo is er in ons gezin jaren gezwegen, tot ik de stilte en de gestolde tranen niet meer kon verdragen. Tot ik vond dat je ook nog een keer dood gezwégen werd. Ik begrijp dat ik haar dan misschien heb overvallen met die acute nood, ik begrijp het wel. Maar ik ben jullie moeder en ik vertegenwoordig zolang ik leef het bestaan van mijn kinderen, ook dat van jou, en daar kan ik niets aan doen, zelfs niet als ik dat zou willen, wat niet zo is. Er zijn zo veel misverstanden, en die los je niet op door de stilte zo lang te laten duren tot ze hard en ondoordringbaar wordt als een muur. Koudvuur in onze harten. Ik zal wachten en niet meer vragen. Laten we eerst het probleem van de ademnood oplossen.

Misschien heeft een tiener vooral ouders nodig waar hij trots op kan zijn, waarnaar hij kan opkijken. Nou, ik moet grif toegeven dat ik mijzelf werkelijk niet kan omschrijven als een Moeder Waar Je Trots Op Bent.

Misschien is dat het enige waar ik iets kan aan doen: aan mijzelf. Een mens kan alleen zichzelf veranderen, en dan nog. En in het beste geval (als dat een beetje lukt) wordt de wereld eromheen daarna ook een beetje beter. Het is allemaal zo logisch, het klinkt allemaal zo eenvoudig.

Hoogstwaarschijnlijk hebben miljoenen mensen voor mij precies dezelfde gedachten uit de lucht geplukt, ze voor even naar binnen gezogen en dan weer uitgeblazen, zodat ze nu door mijn hoofd kunnen waaien, zoals straks ook door het hoofd van weer miljoenen andere stervelingen. Daartoe lijken we gedoemd, tot het steeds weer in- en uitademen van een door onze hersens beperkt aantal gedachten.

Woensdag 20 februari

Dag Bolle,

Het is lang geleden dat ik heb geschreven. Ik denk dat ik nu ook al 3 weken niet heb gehuild, behalve eventjes bijna bij de dokter – bij dokters en therapeuten moet ik altijd huilen, het begint al in de wachtkamer. Alsof ik er dáár een vergunning voor heb.

Het gaat wel goed met mij als mammie, Tim. Ik kan heel veel van je broer houden, en sinds mijn briefwisseling met je zus hebben wij weer even onze plaats als moeder en dochter teruggevonden.

Ik kan al een tijd niet meer naar de bossen gaan, want Guy moet vertalen en lesgeven, en dan ben ik, al zeg ik het zelf, toch een beetje onmisbaar in huis.

Ik wou dat ik verhalen kon schrijven, waar alles wat ik graag zou willen zeggen in zit, áchter de woorden, niet expliciet, niet zo egotripperig. Het is heerlijk (het woord dat ik alleen op papier gebruik) om Robbie voor te lezen. Het gaat nu over Heks Kweetetal, en we genieten er allebei van. Haar vriendin Wormpa valt altijd plat op de grond als ze schrikt.

Als we heel boos zijn op mekaar, die kleine en ik, dan zwijgen we een tijd, en herstellen dan de vrede zeer geleidelijk door eerst in gebarentaal te communiceren. Je zou hem bezig moeten zien.

Ik blijf het eigenaardig vinden dat de hersens van een mens eigenlijk onafgebroken werken, en dat er toch soms zo weinig te zeggen of te schrijven valt. Vroeger kon ik ook niet begrijpen dat man en vrouw ineens uitverteld waren. Dat zag ik soms in een restaurant: een koppel dat de hele avond tegenover elkaar in stilte zat te eten. Dat vond ik vreselijk, maar het gebeurt, ook al werken je hersens op volle toeren (misschien nog meer dan anders, in zo'n situatie). Want het gaat uiteindelijk niet meer om wát je denkt, maar om het gevoel dat je daarbij hebt.

Steven zegt dat oud worden alleen maar tussen je oren zit. Voor een stukje zal dat wel zo zijn, maar jij weet beter dan iedereen die ik ken hoe een lichaam invloed kan hebben op wat er tussen die oren gebeurt. Je tumor zat ook tussen je oren, dus in jouw geval klopt het wel als een bus. Bij jou, Tim, zat er véél tussen de oren. Te veel.

Er is een meisje in de blokfluitles dat er geen bal van terechtbrengt. Werkelijk fenomenaal is het hoe ze alles volledig naast en uit het ritme speelt. Ze stampt, echt stampen is het, met haar voet de tijden op de grond (de maat dus), en dan speelt ze de noten er onnavolgbaar naast. Het is in mijn ogen zuivere heldenmoed dat ze de volgende keer weer naar de les komt.

Robbe associeert verdriet, ook zijn eigen kleine kinderverdrietjes, altijd met jou. Hij groeit eigenlijk al drie jaar op met die voor hem zo onbestemde droefheid. Ik weet niet of het verstandig of juist was om hem te vertellen waarom ik huil of droevig ben, juist omdat jij voor hem zoiets onduidelijks bent. Maar het kwam niet in mij op om iets anders uit mijn mouw te schudden als hij zag dat ik verdriet had. Ik heb jaren in het geniep aan treuren gedaan, maar de laatste tijd lukt me dat niet meer. Waarom een kindergeheugen zo kort is weet ik niet, maar hij kan zich jou niet echt herinneren. Je was nochtans een fijne grote broer. Nu zou je moeten zwaardvechten, duelleren als Zorro of als Musketier.

Je zus is al een jaar ouder dan jij bent geworden, maar in mijn hoofd ben je meegegroeid en nog steeds mijn oudste kind. Ik zie je als een beer van een zoon, dat komt misschien omdat ik nog een glimp heb mogen opvangen van de manjongen die je net geworden was. Ik weet niet of andere moeders kunnen begrijpen, behalve de moeders van gestorven tienerzonen, jongens op de man-grens, hoe bijzonder het eigenlijk is om die jongen ineens boven je uit te zien torenen. Hoe ontroerend en verscheurend het is om achter die brede schouders en rug en lange benen aan te lopen, kijkend naar de infuuskapstok die traag en weerbarstig naast je mee rolt, op weg naar de ziekenhuisbadkamer. Om die man in bad te doen, want hij kan nauwelijks op zijn benen staan, en hij is groot en sterk, en klein en zwak en ziek. En de vertedering treft je als een mokerslag, je maag krimpt ineen van liefde en medelijden. En je draait je discreet om als hij rechtop gaat staan om uit het bad te komen. Je droogt alleen zijn rug af, want je kleine jongen is een man geworden, en die laten zich niet meer zomaar overal afdrogen of te pletter knuffelen.

De eerste keer dat je 'vanuit de hoogte' in mijn ogen keek en met een lage stem 'Dag mammie' zei, was toen je terugkeerde uit je laatste zomerkamp. Ik had je drie weken niet gezien. Je keek heel indringend, dat kwam omdat je niet meer scherp zag, of dubbel, door de tumor, maar dat wisten we nog niet. Je vader was er ook, en Marieke, en ik herinner me hoe weemoedig ik werd, hoe absoluut en onverklaarbaar weemoedig. Enkele dagen later bleek dat je een tumor had, en kanker.

Ik zou verhalen willen schrijven, om jou en anderen als jij recht te doen. Om recht te doen aan je blauwe ogen en je mannenstem, om de ontroering niet verloren te laten gaan.

Wij hebben nog steeds een band, of ik heb die band in mijn eentje, want ik weet nog steeds niets méér over verbondenheid over de dood heen. Het lijkt te kunnen in deze vorm, het is een rijkdom in mijn leven waar ze niet aan moeten raken. Ik weet best dat geesten niet bestaan, daar gaat het niet over. Ik weet dat je niet in een of andere hemel bent. Ik geloof niet dat je bent herboren, of herboren zult worden. In een glimworm misschien, maar je zit tussen mijn oren, in mijn buik, nog steeds, weer terug. Je zit daar goed. De onmetelijke ruimte in een mens.

Nachtsmurrie

Een band hebben in je eentje. Dat kan. Met de natuur kan een mens zich ook verbonden voelen, en die bomen en die bergen weten ook van niks. Die voelen zich van hun kant uit helemaal niet verbonden met de mens, of met een mens. Maar ze zijn er wel natuurlijk, heel fysiek en zichtbaar en robuust aanwezig. Dat ligt met een dode zoon iets moeilijker. Filosofen vragen zich al eeuwen af wat het realiteitsgehalte van de waarneembare wereld is. Uiteraard zijn hun vragen niet onnozel, maar voor een normaal, aards functionerend brein is het verschil tussen leven en dood, zichtbaar/meetbaar leven enerzijds en innerlijke beelden anderzijds toch redelijk simpel. Als ik mijn ogen dichtdoe, kan ik je zien. Maar je bent er niet in de werkelijkheid, want als ik mijn ogen open, is het beeld weg. Naar de verste verten, naar waar ik (nog) niet kan komen.

Een mens moet volgens mij een heel lange weg afleggen voordat bovenstaande vaststelling ook troost kan bieden en vrede kan brengen, in plaats van de pijn van het wakkerworden uit een nachtmerrie. Wie heeft ooit dat woord uitgevonden. Soms voelt het als nachtsmurrie. Troebel, kleverig, zwaar.

Sommige kinderen zijn nog veel langer ziek. Dat is toch hemeltergend, Bolle, dat een kind zo lang moet lijden en vechten (want dat moet dan nog samen), en dan toch verliest, of verloren gaat?

Het verlies van de Hemel

Nu moet ik denken aan de therapeutenopleiding die ik volg (ik moest toch iets doen).

Ik geloof niet dat therapeuten de oplossing zijn. Hét probleem is namelijk het verlies van de Hemel. Therapeuten hebben allemaal wachtlijsten, voor al die individuen die lijden aan verlies waar ze onmogelijk een betekenis of een 'zin' voor kunnen verzinnen. Therapeuten zijn ambachtslui, met technieken, en in het beste geval een hart voor hun werk. Maar ze kunnen, bij rouwverwerking in het bijzonder, geen alternatief bieden voor de Hemel, die zachte vredige weide waar wij niet meer in kunnen geloven, de gemoedsrust die je daardoor niet kunt vinden, als ongeruste ouder. Wij weten als het ware niet meer waar onze kinderen nu uithangen, snap je? En dat hebben wij niet graag.

Ik vraag mij af hoeveel echt gelovige mensen naar een therapeut gaan. Dat komt goedkoper uit.

De vraag wat de correlatie is tussen de teloorgang van het geloof en de toeloop bij de therapeut, de nieuwe zielenherders, die zal ik in een moedig moment toch een keer opwerpen in de les. Het zou bij lange na niet de eerste keer zijn dat ik mij daar (en elders) belachelijk maak. Niets komt vanzelf, alleen de dood. Ik zal deze halve liter nog uitdrinken, en nog meer sigaretten roken.

Als je maar blijft denken, komt er op den duur toch iets in je op, waar je dan nog een keer over kan gaan nadenken. Een kwestie van bezig te blijven.

Ik zou eigenlijk aan een vorm van doorleefde cultuurwetenschap willen doen. Misschien moet ik weer les gaan volgen. Alleen faalangst zal mijn vijand zijn, en uiteindelijk misschien weer mijn eigen onverschilligheid voor alles wat ik doe, dat nefaste grenzeloze relativeren, dat ik alleen maar opzij lijk te kunnen zetten als het over de zorg voor mijn kinderen gaat. Nu weer tenminste, want ook op dat vlak is het nihil een paar jaar akelig en dreigend dicht in de buurt geweest.

Gezegend de mens die pen en papier heeft uitgevonden.

Intussen, Timmie, heb ik vijf vellen volgeschreven, op een avond die zeer inspiratieloos begon. Het komt niet door de wijn, want alles komt uit mijn hoofd en niet uit de fles. De wijn heeft alleen de deur wat meer opengezet, zoals dat ook gebeurt als ik met mensen moet praten. De woorden heb ik van mijn vader gekregen, en van mijzelf, door veel te lezen. De zin om boeken te lezen heb ik dan ook weer van mijn vader gekregen. Ik weet niet meer goed hoe zijn begrafenis was, ik weet bijvoorbeeld niet meer waar jij en je zus zaten. Ik vind dat jouw vader het ons niet erg gemakkelijk heeft gemaakt. Ik was boos om zijn afwezigheid, maar jij hield heel veel van hem, en dat was mooi. Nu houd ik op. Slaapwel.

Woensdag 6 maart

Mijn kleine zoon slaapt. Ik heb een tijd naast hem gelegen, want hij had overgegeven. Toen moest ik aan mijn grote zoon denken. Dan krijg ik weer schuldgevoelens. Ik had ook naast jou moeten liggen. Je moet je vreselijk ellendig en eenzaam hebben gevoeld, en bang, want je moet hebben geweten dat wat er in je lichaam aan het gebeuren was, niet de bekende ellende was, niet zoals anders na een chemokuur. Die nacht moet eindeloos lang geduurd hebben, die donkere uren. Ik had bij je moeten blijven, maar ik was zeker te moe? Waarom heeft een mens niet altijd, of toch in elk geval op zulke momenten, de kracht en het inzicht om te doen wat goed is? Waarom weet je zulke dingen alleen maar achteraf, als spijt en schuld komen? Ik kan er zo oneindig triest van worden.

Marieke heeft een vriendje. Hij heet Jef, we noemen hem Jefke. Hij is niet de ideale schoonzoon, hij doet het niet goed op school en hij is zeer regelmatig zeer stoned, maar je zus voelt zich goed bij hem, zegt ze, dus laat maar. Ze zoeken het zelf wel uit.

Ze was zo ongelukkig de laatste maanden, dat is er vorig weekend in een ononderbroken woorden- en tranenstroom van twee uren uitgekomen. Haar problemen met haar vriendinnen, hoe ze de weg naar zichzelf niet meer weet te vinden. Ik kon alleen maar luisteren, en haar erop wijzen hoe sterk en dapper ze al die tijd is geweest. Mensen, ook jonge mensen, lijken te denken dat je alleen maar sterk bent als je zwijgend en glimlachend alles kunt hebben. Maar praten over pijn, of laten zien dat je verdriet hebt, is niet een teken van zwakte. Ik denk dat ik niet genoeg luisterbereidheid uitstraal. Moeders en vaders moeten onderweg zo veel leren. Ze hebben geluk dat hun kinderen zo veel van ze kunnen verdragen. Kinderen geven zo veel nieuwe kansen, wat misschien wel een beetje vermindert als ze ouder worden, maar dat is normaal. Ook het geduld van kinderen met domme en tekortschietende ouders zal wel een keer opraken.

Ik zag ineens zeer helder dat deze tienermeid, met haar verwarrende ervaringen van de laatste jaren, heel veel behoefte moet hebben aan stabiliteit hier in huis, en dat ik het dus uit mijn hoofd moet zetten om om de week naar de Ardennen te gaan, laat staan met Guy te breken. Er moet een andere manier zijn om mijzelf in evenwicht te houden. Ik hoop dat de therapeute waar ik volgende week naartoe moet (dat moet van het ziekenfonds, je mag wel een klinische depressie hebben, maar dan moet je ook naar een klinische psycholoog, of psychiater) mij daarbij kan helpen. Met jou kan ik leven, Tim, en met mijn droefheid ook. Het is de noodzakelijke combinatie met al de rest die mij soms zo moeilijk lijkt. De verscheurdheid, de onverenigbaarheid van de liefde voor een dood kind met de liefde en de zorg voor een levend gezin.

Mijn zolderkamertje, mijn refuge, is bijna af. Het is niet eenvoudig om het recht op alleen zijn op te eisen. Ik wil daar ook soms alleen slapen, maar zo'n excentrieke wens is voor een man als Guy beledigend en bedreigend. Het lijkt wel alsof ik een afwijking heb, alsof ik mijn verdomde plicht niet vervul. De bijslaap, zoals ze deze gewoonte pleegden te noemen, is een plicht voor de een, en een recht voor de ander. Je hebt gewoon pech als jij diegene bent die het als een plicht ervaart.

Ik heb geen symptomen meer, de benauwdheid overvalt mij niet meer, ik neem gewoon een slaappil als ik niet in slaap raak in dat te smalle bed. Gezegend is de mens die de slaappillen uitvond. De mens die alcohol uitvindt waar je niet dikker van wordt, moet nog geboren worden. Gewone-mensen-alcohol, want een fles champagne per dag kan ik echt niet maken.

Robbie heeft zojuist weer overgegeven. Déjà vu: lakens in het bad, matras rechtop te drogen. Ik werd niet vervelend. Ik heb jou nodig gehad om te leren.

Ik weet dat je niet boos op mij was. Ontgoocheld misschien, omdat ik je die nacht heb verlaten. Ik ben maar een klein mens, Tim. Jij was groter dan ik.

Soms denk ik dat het beter zal gaan als ik nog 'een project' (handig woord, want het dekt zo ongeveer alles wat je zelf wilt) kan vinden waarmee ik iets kan goedmaken. Wat en waarom weet ik niet goed, maar het is een sterk gevoel. Ik heb al maanden geleden gevraagd of ik als vrijwilliger op de kinderkankerafdeling mag gaan werken. Voorlezen of zo. Ik ben ook aan die opleiding psychotherapie begonnen omdat ik degelijk voorbereid wilde zijn. Maar het mag niet. Maanden hebben ze gewacht, en na een paar besprekingen besloten dat het tegen de regels is. Angst voor emotionele onstandvastigheid (de mijne uiteraard), denk ik, maar dat durfden ze mij niet met zo veel woorden te zeggen. Nou. Nu heeft die opleiding ook niet veel zin meer, want ik heb niet de behoefte of de aandrang of de hovaardigheid om de rest van de mensheid te helpen genezen. Alleen kinderen in nood lijken mij nog te raken.

Ik heb nog steeds je urne niet opengemaakt. Ik weet niet hoe je er nu uitziet. Stofferig.

Ik heb steeds minder te vertellen, dat vind ik erg. Uiteindelijk wordt het allemaal gewoon een hoopje dof verdriet, steengruis op je hart, woordeloos en stil.

Slaapwel.

Zondag 10 maart

Dag Tim,

Het is hoog tijd voor de psychiater. Ik ben naar de grote tuin in Lovendegem gereden waar je grafsteen ligt sinds ik je urne heb weggehaald van het kerkhof. Hij ligt daar nu al maanden onder de bomen, en is helemaal grauw en dof en verwaarloosd, en dat kon ik niet verdragen. Ik werd er misselijk van. Desnoods leg ik hem op mijn zolderkamertje, tot we weer ergens een tuin hebben. Wat doe je met een grafsteen als hij niet meer op een graf ligt? In interieurboeken staat daar niets over.

Gisteren was het ontmoetingsdag voor ouders van gestorven kinderen, maar ik ben niet gebleven voor de gespreksgroepen. Spreken is niet mijn redding, maar wat weet ik ervan, van redding?

Die psycholoog vertelde een sprookje (!) over drie bomen. Wij ouders waren de bomen uiteraard, en de onvermijdelijke moraal van het verhaal was dat de boom moet groeien, de zon moet toelaten en het litteken van de afgebroken tak laten warmen in het zonlicht. Een boom wordt niet verondersteld klein te blijven, of omver te vallen. Maar dat weet iedereen, van bomen. Zeggen ze dat ook tegen een mens met een geamputeerde arm of een geamputeerd been, dat hij ermee in de zon moet gaan zitten? Ik besef dat dat een onnozele vraag is, cafépraat, toogniveau.

Ik ben naar ons vroegere huis gaan kijken. Ik vroeg om je kamer nog eens te mogen zien. Het is geen gezellige kamer nu.

Jij bent daar niet meer, ik heb je meegenomen lang geleden. Je woont in mij, waar het warm en zacht zou moeten zijn, maar ik weet best dat dat dikwijls niet zo is. De droefheid kan zo alomvattend zijn, zo groot en geweldig en verlammend, dat ik er soms van in paniek raak. En het helpt niet om een hele zaal vol te zien zitten met allemaal mensen die hun kind hebben verloren. Ik wéét dat ik niet de enige ben, dat er in de wereld nog véél ergere dingen gebeuren. Relativeren en rationaliseren doe ik sowieso, tot in het oneindige, maar het help geen klote, omdat je dat met je hersens doet, met de redelijkheid en de nuchterheid waarover je, dank u wel, nog beschikt. Maar genezen moet op een ander vlak gebeuren, en daar kom ik niet aan toe.

Robbe is met zijn nichtje marionet aan het spelen. Ik vind het zo erg dat hij zijn broer niet kent. Tim betekent Tranen. Meestal de mijne, soms de zijne, soms geheime tranen van je zus. Jammer.

Maandag 11 maart

De Therapeut

Praten, altijd maar praten. Ze beseffen volgens mij niet eens hoe inspannend dat wel is, en hoe leeg je daarvan wordt, van het geroer in je hersenpan. Betaald worden om te luisteren, en dan wat je zegt her-talen (zo heet dat, jazeker). Het is niet eens juist, zoals er hér-taald wordt, dus dan moet je weer opnieuw beginnen, proberen uit te leggen, verbeten zoeken naar andere woorden die kunnen overbrengen wat je bedoelt, want je wilt toch graag dat ze het tenminste goed begrepen hebben voor ze met aanwijzingen of tips of recepten of levenswijsheden of remedies of huiswerk voor de dag komen. Anders heeft het hele gedoe natuurlijk geen enkele zin.

'Vijf à zeven jaar', zo zei de psycholoog van gisteren (de sprookjesverteller), 'duurt de rouwperiode die de vakliteratuur op het verlies van een kind plakt.' Het woord plakken is van mij.

Aan de psychiater van vandaag omschreef ik de soms onpersoonlijke droefheid, de naamloze somberheid die ik meedraag als 'iets dofs met heel lange vingers'. Hoe bedenkt de cliënt zoiets als hij tot spreken wordt aangepord? En is wat hij zegt op zo'n moment wel allemaal wáár? Of is het bijna zoiets als een bekentenis onder dwang, onder subtiele druk van de situatie? Wil een mens onbewust misschien opgesloten worden of zo? Of alleen maar een béétje interessant worden gevonden?

Ik word vervelend als een therapeut mijn woorden becommentarieert met frasen (zou ik holle frasen durven zeggen?) die ik al ken. Ik ken mijn klassiekers, en de gepopulariseerde versie van oosterse wijsheden is daar intussen bijgekomen. Ik erger mij als hun commentaar niet klopt, helemaal niet of niet helemaal, het is even lastig.

Is praten tegen zo'n onbekende echt de aangewezen manier om te genezen? Ik durf dat te betwijfelen. En dat is niet omdat ik per se origineel wil zijn.

Midden in een uitleg, als je zit te wroeten om de woorden naar boven te halen waar zij betekenis aan kunnen geven binnen het kader dat zij in hun hoofd hebben, gaat de telefoon. Een andere klant. Of de deurbel. Dan weet je dat het volgende te analyseren hoopje ellende in de wachtkamer zit. Ik wil al weg dan. Het hoeft niet meer dan. Ik zoek het zelf wel uit.

Ze zei dat ik niemand toeliet jouw plaats in te nemen. Dat vind ik dus een domme uitspraak.

Ze zei dat de kunst eruit bestaat – en ik begreep zelfs de moeilijke zin die nu volgt – 'om de intensiteit en uitzonderlijkheid van de ervaringen rond je ziekte en dood niet meer te willen zoeken in de banaliteit van het dagelijkse leven'.

Dat is wat ze doen, de therapeuten en deskundigen en al diegenen die zich geroepen voelen een handleiding te schrijven: ze doen het direct of indirect, expliciet of impliciet, subtiel en dikwijls ook met een zelfzekere lompigheid, maar ze houden je een norm voor. De boom die moet groeien, de kunst van het dagelijkse leven, een ander soort verbondenheid, loslaten, een ander soort intimiteit.

Anderzijds zijn mensen die zelf uit de problemen gekomen zijn, of hun verdriet helemaal verwerkt hebben, of een oplossing hebben gevonden wel even ergerlijk als mensen die gestopt zijn met roken. Ze hebben gelijk, ze zijn goed bezig, maar ik kan ze niet uitstaan. Ze kijken naar beneden en achterom, zij *zijn* er al.

Goede raad, ik weet niet of ik hem moet. Zij (nu heb ik het weer over therapeuten) staan een trapje hoger. One-up heet dat, en wij zijn One-down. Ik moet niet zo'n gids. Ik heb geen flauw idee wat ik dan wel moet.

Om cliënten kunnen ze niet echt geven, alleen oppervlakkig en kortstondig. Als ze ons de volgende keer zien binnenkomen, moeten ze in de steekkaarten op zoek naar wie we ook weer zijn, en wat we ook weer hebben. Ik kan dat wel snappen, maar ik vind het vernederend om mijn zielenroerselen op tafel te gooien in een zo'n afstandelijk kader. Een verwrongen gedoe is het. Ik wil geen therapeut worden. Ik wil wel leren luisteren en mededogen ontwikkelen, maar als ik zo ver kom, hoef ik er geen geld voor. Er zijn te veel therapeuten en te weinig wijze mensen. Mededogen is een marktproduct geworden, voor begrip moet je betalen. Fout.

Psychiaters mogen van mij álle geesteszieken behandelen met neurosen en psychosen en waanzin in zijn vele interessante vormen. Maar verdriet en eenzaamheid zijn geen ziekten, pijn hoort bij een mensenleven. De plaats voor innerlijke pijnbestrijding zou een woonkamer of een slaapkamer moeten zijn, of een klaslokaal. De biechtstoel is vervangen door de spreekkamer (o, hoe letterlijk moet je dat nemen) van professionele genezers. Wij kunnen allemaal leren onszelf en de ander te helpen, wij kunnen plaats maken voor moeilijke dingen, als we dat zouden willen. Rouw en angst en pijn en verdriet en wanhoop en woede hebben bestaansrecht, in een volwaardige vorm. Ze hoeven niet te worden weggemoffeld in een onpersoonlijke audiëntieruimte zodat je achteraf toch fris en schoon onder de mensen kunt komen, zodat mensen je sterk en flink vinden.

Waarom doen we dat? Waarom willen we dat zo graag? Waarom doe ik het zelf? Waarom huilde ik niet thuis? Waarom vertel ik niet aan mijn dochter over ons, over hoe ik worstel om nog iets van mijn leven te maken? Waarom zit ik hier een papieren toespraak te geven?

Liefde en verdriet horen samen als je pech hebt (of heb je juist geluk als de keerzijde van verdriet liefde is?), daarom zal ik met liefde en verdriet verder leven, want zo blijf je bij mij en ik bij jou. Ik wou dat dit onontwarbare kluwen van liefde en verdriet ons allemaal sámen kon houden, in plaats van ons uit elkaar te trekken.

Vanmorgen bracht ik Marieke naar school, en toen zagen we hem staan, het jongmens dat er al sinds de kleuterklas in slaagt om jou op stang te jagen en dat zelfs nog niet kon laten toen je ziek was. De klas zou geld ophalen voor een knuffelbeer voor jou. Het jongmens vroeg toen of hij zijn geld terugkreeg als je zou sterven. Een van de meisjes uit je klas had je dat bij een bezoek verteld. Woedend was je, want het idee dat je zou doodgaan was absurd en kon alleen maar uit een gestoorde hersenpan komen. Daar waren wij het allemaal over eens.

Ik zag hem vanmorgen dus staan, en ik zei tegen je zus dat hij er gemeen en kwaadaardig uitzag, en dat hij sigaretten rookte op de wijze van een debiel. Ze moest lachen. Ze kent het verhaal, en ze staat helemaal aan jouw kant.

Vanmorgen vroeg ze bij het ontbijt zelfs om een knuffel, en

vanavond heeft ze piano gespeeld voor mij. Ze kan het echt al heel goed. Ze heeft de laatste weken al meer verteld dan in de drie jaar dat je weg bent. Ze wil de pil, en dus wil ze ook met Jefke naar bed, naar haar bed. Niet zo makkelijk hoor. Ik ben nog niet voorbereid, haar grote broer is voor eeuwig in de onschuld blijven hangen. Ik heb ooit gelezen over een jongen die wist dat hij zou sterven. Hij wou nog twee dingen doen: met de auto rijden en met een meisje naar bed gaan. Goede wensen voor een jonge man. Hij heeft ze alle twee volbracht. Hij wist wat hij zou missen. Ik weet niet of dat beter is dan niét weten wat je allemaal zou missen.

Zondag 14 april

Lieve Tim,

Ik schrijf dit op mijn zolderkamertje, dat nu af is. Piet en Guy hebben goed werk geleverd, en ik heb het gezellig gemaakt. Een opsteker, of hoe zeggen ze dat.

Ik heb ook een stuk bos gevonden in de Ardennen om een houten huis op te bouwen, zodat we toch veel in de natuur kunnen zijn. Nog een opsteker, waardoor ik mij niet meer zo totaal verloren voel. Ik krijg stilaan weer wat meer controle over mijn leven, of zo lijkt het toch, en daarbij ben ik mijzelf beu als depressieveling. Ik zou je graag deze kamer tonen. Ik zou hier graag met mijn kinderen zitten, en ze horen vertellen en lachen. Je zus vindt het nogal vervelend, haar kamer is hiernaast, en nu moet haar muziek 's avonds stiller. Ze heeft luide muziek nodig.

Ik ben weer een beetje strenger aan het worden, maar zonder boosheid. Ik denk dat dat nodig is voor tieners, dat staat in de boeken die ik al veel vroeger had moeten lezen.

Guy heeft ook zijn kamer heringericht, zijn muziekinstallatie, zijn oude platen, zijn gitaar.

Misschien wordt het voor hem ook wel een beter leven, met wat meer plaats voor de dingen waar hij van hield, voor de mens die hij vroeger was. Ruimte is belangrijk, ruimte om te kunnen zijn wie je bent, om te kunnen worden wie je nog moet worden, ontplooiing heet dat zeker, of alleen maar het in leven houden van je persoonlijkheid. Het klinkt eenvoudiger dan het is. Weer een geplukte gedachte.

Ik moet wel weer een manier vinden om geld te verdienen. Voor de rest ben ik blij dat er beweging is gekomen in de inertie, daar word ik onnozel van, van traagheid. Ik wil weer een bewegend mens worden. Ik ga niet meer naar therapeuten. Ik zal wel schrijven in plaats van te praten, en huilen als dat nodig is. Ik denk wel dat ik zal doodgaan zonder de zielsverwant te hebben gevonden waar ik naar verlangde, maar dat ligt aan hoe ik ben. Ze hebben mij altijd al een moeilijk mens gevonden. Ik vind soms zielsverwantschap in de boeken die ik lees. En ik kan met mijzelf leven, ik begin te weten hoe dat moet, soms. Ik word dan ook veertig jaar.

Ik ben niet meer bang jou te verliezen. Je hebt een bestendige vorm gekregen en ik weet dat de herinneringen aan jou in mijn geheugen zijn opgeslagen, dat ik ze niet kwijtraak, dat ik ze kan oproepen als dat nodig is. Ik moet nu gaan koken voor de overlevenden, Tim.

De wetenschappers onderzoeken nog steeds of er een onafhankelijk bewustzijn bestaat, los van de hersens en hun ontelbare, onoverzichtelijke activiteiten, een ziel. Er zijn veel mensen die daar zeker van zijn, mensen die zo'n bijnadoodervaring hebben gehad bijvoorbeeld. Ik kan alleen maar hopen dat jij ook dat Licht hebt gezien, en die Liefde en Vrede hebt gevoeld.

De kunst van het sterven

Morgen ga ik muziek maken met je grootmoeder. Dat zou ik vroeger een absurd idee hebben gevonden, want ik vind musiceren met andere mensen redelijk intiem, maar nu vind ik het goed. Ze weet veel over muziek en ze vertelt er met liefde en enthousiasme over. Nu kan ik daar naar luisteren, naar wat ze mij te leren heeft. Beter laat dan nooit. Muziek maken is zacht en helend, zolang het duurt. Het is een remedie tegen het navelstaren, omdat wat mensen samen aan muziek voortbrengen meer is dan de som der delen. Muziek overstijgt in het beste geval het grote ego van kleine mensen, en ja jongen, ik heb het ook over mezelf.

Ik denk echt dat ik doe wat ik kan om jou dood te laten zijn en zelf nog te leven. Niemand weet hoe hard ik je voelde trekken toen je het zwarte gat ingleed. Niemand weet hoe lang ik heb gevochten tegen de aandrang om je te gaan zoeken in de oneindigheid van de dood. Niemand weet hoe dood ik was toen ik je blauwe lippen nog één keer kuste. Ik weet zelf niet waarom ik je heb laten gaan, naar de kelder van dat ontmenselijkte ziekenhuis. Ik durfde niet tegen je vader in te gaan, die mij wegtrok van wat hij een luguber gebeuren vond. Ik weet niet waar ze je naartoe hebben gebracht, wie je gewassen heeft. Waarschijnlijk hebben ze je gewoon in zo'n ijskast gerold, met een naamplaatje aan een afgestorven zwarte teen.

Ik heb andere ouders ontmoet die wel hun kind zelf hebben mogen wassen, en nog hebben kunnen vasthouden. Ik zou daar nog uren hebben willen zitten, ik zou naast je zijn gaan liggen, alle draden en buisjes weg. Ik zou je nog een keer helemaal hebben kunnen vasthouden. Het belang van het laatste afscheid kan moeilijk worden overschat, vind ik. Of overdrijf ik, omdat ik het zelf niet goed heb gedaan? De intensieve zorgen zouden niet moeten ophouden op het moment dat de monitors zijn uitgevallen. Ik had ook toen niet de juiste boeken gelezen, ik was hier niet op voorbereid, en ik kon niet weten hoezeer ik achteraf mijn gebrek aan heldere, stand-

Ik was niet erg assertief. In het ziekenhuis al begint de afbraakprocedure van een sterke mens. Een van de dapperste dingen die ik heb gedaan is de schoonmaakster vragen of ze niet NU je kamer wilde stofzuigen, omdat je al 48 uren tevergeefs had geprobeerd de slaap te vatten, en dat eindelijk gelukt was. Ik zei dat ik zelf wel je kamer wilde stofzuigen als het te moeilijk was voor haar om later langs te komen. Ik kreeg een blik toegeworpen waar je in minder beschaafde milieus voor op de vuist gaat...

Het is beter om thuis ziek te kunnen zijn, het is van nationaal belang om thuis te kunnen sterven. Ik had voor jou moeten kunnen doen wat we voor vader hebben gedaan. Maar dat kon niet.

Vrijdag 19 april

Vandaag mijn veertigste verjaardag gevierd met mijn familie. Ze zijn niet zo dichtbij als het woord doet vermoeden. Iedereen ging ineens naar huis, wat ik jammer vond.

Bij gelegenheid ervaar ik het grote stilzwijgen over je dood als een bijna hallucinant spel. Want daar zit ik dan feestelijk tussen de mensen, en ik houd mee de schone schijn op – een spelbreker ben ik immers niet – tot ik toch je naam laat vallen en wacht tot iemand hem opraapt, maar hij blijft daar liggen, op de tafel, op de grond, onaangeroerd. Tim...

Ik weet dat opa en oma bidden tot hun God, en elke zondag aan je denken en een plek voor je afsmeken in Zijn hemel. Zij moeten daar een hele klus aan hebben, want ik weet uit goede bron dat ongedoopte kinderen niet op de eerste rij staan.

'There is a kingdom, there is a king. He lives without, he lives within', als ik Nick Cave en de Bad Seeds goed heb begrepen. Het gaat zeker over God. Die nog steeds onvermijdelijk lijkt te zijn. Ik vind dat Hij veel dingen in de weg staat, Hij loopt mij soms voor de voeten.

Mijn handen zien er oud uit. Ik kijk naar je foto, die ik niet meer helemaal scherp zie. Slaapwel, mijn Bolle.

Woensdag 24 april

Vloeken in het donker

Ik vind het niet erg meer als ik geen succesnummer word, een geslaagd exemplaar van de menselijke soort, van de vrouwelijke kunne, met een hoogstaand rouwproces achter de rug. Ik heb te veel boekjes gelezen van mensen met de overtreffende trap van wijsheid in pacht. Polo zei altijd dat je de tijd niet kunt dwingen, er kunnen geen dingen gebeuren waar je eigenlijk nog niet aan toe bent. Zo'n spreuk als 'Het is beter een kaars aan te steken dan het donker te vervloeken', dat is allemaal oké als je een kaars kunt vinden in die duisternis, en als je uitgevloekt bent, en als er licht nodig is, want dat hoeft niet noodzakelijk zo te zijn, en als je de energie hebt om op zoek te gaan. Dat moet er allemaal bij gedacht worden. Soms is donker ook goed, en vloeken.

Vrijdag komen er een boel mensen die ik heb uitgenodigd om mijn veertigste verjaardag te vieren. Ik heb besloten het eind van deze depressie te vieren, al weet ik dat dat volledig in tegenstrijd is met wat ik net zei, namelijk dat je de tijd niet kunt dwingen. Ik zeg voortdurend tegen mijzelf dat ik niet te veel mag drinken, en niet te laat gaan slapen, want de volgende dag moet ik fluitspelen. Bovendien ben ik bang van de doodsdrang als ik een kater heb, dan ben ik het stuur weer kwijt. Dan trekt de afgrond.

Tot later, Tim.

Zaterdagnacht 11 mei

Lieve Tim,

Vannacht heb ik gedroomd dat ik je in de steek liet, dat ik je ergens in een of ander ziekenhuis had achtergelaten om naar Frankrijk te vertrekken of zo, en je dan vergeten was. De paniek en de loodzware schuldgevoelens toen ik het mij ineens herinnerde. Alweer smurrie, die aan je lijf blijft kleven. Er zijn een paar dagen nodig voor je jezelf weer schoon voelt.

Ze zeiden en zeggen dat ik sterk ben, maar misschien betekent dat alleen maar dat het langer duurt voor ik breek, misschien gaan sterke mensen alleen maar trager naar de kloten. Een hoopgevende gedachte. Het zal moeten duren tot Robbe groot is.

En zo gaat het leven zijn gangetje.
Ik heb besloten dat ik je as niet zal verstrooien. We zijn al te lang op de dool om een betekenisvolle plek te vinden. Ik zal vragen of ze jou samen met mij verstrooien. Ik zit vol traankristallen, misschien glinstert mijn as wel. Ik zal je zien als ik sterf. Houd me nog één keer vast, dan. Zoen, Mammie.

Pinkstermaandag 20 mei

Mijn kind, nu is je grafsteen volledig kapot, gebroken. Ik kon er absoluut niet tegen. Weer een beetje verder weg, weer een beetje meer dood als dat nog kan. Helemaal onderkomen, die mooie witte steen, en nu ook helemaal gebroken. Mijn hart brak nog een keer mee. Er zullen zeker mensen zijn die mijn gedrag neerbuigend en afkeurend benoemen als het cultiveren van verdriet. Dat moet dan maar zo zijn. Misschien moet ik een stuk ongeschonden marmer van de rest van je graf nemen en daar opnieuw je naam en de data in laten graveren. Ik kan dit niet loslaten, ik kan niet de brokstukken van het graf van mijn kind in de steengruiscontainer gaan gooien.

Ik ben nog steeds bang dat de beelden in mijn hoofd zullen vervagen. Wat heb ik dan nog, als ik je niet meer kan zien met mijn ogen dicht. Moet ik een beeld van je hoofd laten maken, zou dat mijn ongerustheid wegnemen, dat ik je dan kan zien wanneer ik wil, ook met mijn ogen open?

Ik zal er helemaal niet wijzer of beter uitkomen, uit jouw dood. Er zit iets onverzettelijks vanbinnen, een weigering, een protest. Nu pas kan ik Rudy begrijpen, die wist dat hij zou sterven – hij was nog helemaal niet oud – en met een grote waardigheid zei: 'Ik ben niét akkoord.' Ik heb die waardigheid niet, ik leg een omgekeerde weg af. Ik vind dat ik waardig aan deze weg begonnen ben, maar ik lijk af te zakken naar onvolwassen, onrijp, onwijs, onvruchtbaar innerlijk leven. Ik heb met opzet het woord waardigheid gebruikt, omdat dat meestal wordt voorbehouden aan mensen die aanvaarden, die het

hoofd buigen voor het Lot, of voor die Heer met zijn ondoor-
grondelijke fratsen. Maar ik zag net zoveel waardigheid in zijn
standvastige weigering om het liedje 'Zeg maar ja tegen de
dood' te zingen (er bestaat een ergerlijk opgewekt liedje, Bolle,
dat heet 'Zeg maar ja tegen het leven', x 100).

Marieke kwam binnen en ik ben huilend tegen haar beginnen
praten. Even later kwam ze mij haar lievelingscd's brengen, de
muziek die haar troost.

lijke lichtheid van het bestaan. Ik heb ooit gedroomd dat je wakker werd uit je coma en dat ik je nog probeerde te waarschuwen: dat je niks zou zien, en dat je geen voeten meer had. Maar je zei vol zelfvertrouwen dat het allemaal wel mee zou vallen, mammie, waarna je je benen uit bed zwaaide en met je armen vooruit gestrekt om houvast te vinden, tegen de grond ging.

We hebben je niet meer wakker laten worden.

Je voeten waren helemaal zwart geworden, afgestorven van de medicijnen die je aders moesten vernauwen om bloed naar je hart te pompen, of iets van die aard. Ze hebben nog geprobeerd om de doorbloeding weer te herstellen en tijdens een van die pogingen vloog je met sondes en al en een van pijn vertrokken mond, in een stomme schreeuw, misschien van protest ook, rechtop, net zo snel als een duveltje uit een doosje springt, en we schrokken ons dood. Het zou een perfect schokeffect geweest zijn in een derderangs griezelfilm. Maar het was gewoon een momentopname uit het echte leven. Veel mensen hebben zulke verhalen, het onze is er maar een van. Ik weet dat intense verbondenheid bestaat, ik heb mijzelf koud voelen worden: langzaam kroop de verkilling vanuit mijn voeten naar boven, tot aan de kruin van mijn hoofd. Ik lag te wachten in een kamertje terwijl ze nog een operatie uitvoerden, de laatste, om de werking van je stilgevallen nieren te laten overnemen door nog een machine. Ik moet toen hebben geweten dat de dood onvermijdelijk was. Dat het geen zin had om tegen hem te vechten. De eerste dagen op intensieve zorgen reageerde je nog op mijn stem. Ik zag je ogen rollen onder de gesloten oogleden, die helemaal blauw en zwart en gezwollen waren. Je zag er vreselijk uit, maar ik heb nooit méér van iemand gehouden. Sommige mensen zeggen dat alle liefde egoïstisch is, daar hebben ze argumenten en massa's voorbeelden voor. In veel gevallen zullen ze een punt hebben, maar ik weet dat er een soort liefde bestaat die in één richting stroomt, een bijna transcendente ervaring waar ik eigenlijk te klein voor was, want ze neemt je helemaal in, en dan vloeit ze weg en blijf je verlamd en stom en uitgeput achter met de herinnering aan een onuitsprekelijkheid. Een onuitsprekelijkheid die tegelijkertijd een vonnis inhoudt. De dood is dichtbij dan. Misschien hebben ook mensen die niet zelf sterven wel iets als een bijnadoodervaring. Als je de onmetelijke ruimte ziet waar je kind in wordt gezogen. Als je vecht om hem niet achterna te gaan zodat je zijn hand kunt blijven vasthouden. Als je de liefde uit je buik voelt wegstromen als een warme golf vruchtwater, waardoor je baarmoeder verdort. Als je heel even weer de navelstreng vermoedt die je eigen aardse lichaam verbindt met het kind van jouw vlees en bloed dat wegdrijft naar de oneindigheid, en als je voelt dat die navelstreng voor het laatst doormidden wordt gescheurd.

De dokter zei dat je zou stikken als ze de machines hadden uitgeschakeld, maar dat dat een mooie dood schijnt te zijn, euforisch. Nou. Ik ging zelfs op de gang staan, omdat ik zo gedrild was: ik mocht nooit blijven als ze met jou en je machinale aanhang in de weer waren. Al na een paar ogenblikken kwamen ze me halen. 'Vlug,' zei de dokter, 'hij wordt al helemaal blauw.'

Ik vermoed dat er bij mensen die deze dingen ervaren een heleboel chemische reacties in de hersens plaatsvinden die je niet kent, waar je misschien ook niets aan kunt doen, behalve door antidepressiva, maar dat is maar één van de processen waarin daarmee wordt ingegrepen, denk ik. Je mag al blij zijn als er genoeg heldere momenten zijn om naar jezelf te kijken, en vast te stellen en te beschrijven wat er op bewust niveau gebeurt, zonder dat dat dan ook kan worden verklaard. Niet door leken als ik, misschien door biologen en hersenspecialisten. Je kunt in het beste geval benoemen waarin je bent veranderd, want dat doe je, onherroepelijk en onomkeerbaar.

Guy heeft meer liefde nodig. Ik kan dat begrijpen, maar ik heb ze niet in de aanbieding. Ik heb geen wij-gevoel meer, dat is een van de dingen die ik vaststel.

Ik heb nog steeds niets aan je grafsteen gedaan, zeer ondernemend kan je mij niet noemen.

We gaan deze zomervakantie naar Amerika, een reis die we nog met jou zouden maken. Toen was het te duur, nu kan het. Het zal daar wel mooi zijn, en waarschijnlijk wordt het de laatste reis van dit gezin zoals het nu is. Ik neem je mee, zoals ik meestal doe. Robbe hoest weer de longen uit zijn magere lijfje. Nu moet ik gaan eten.

Dinsdag 18 juni

Verlieskunde

Ik weet niet meer waar ik vorige keer gebleven was. Waarschijnlijk nergens.

De laatste dagen hoorde ik toevallig al drie keer Savage Garden, nummers van de cd waarmee jij voor eeuwig in slaap bent gesukkeld. En vandaag een liedje van Alfred Jodocus Kwak, uit een cd van kleine Tim: 'Ik ben vandaag zo vrolijk, zo vrolijk, zo vrolijk, ik ben behoorlijk vrolijk, zo vrolijk was ik nooit.' Het sloeg in mijn buik.

Ik heb vandaag in een opwelling naar de universiteit gebeld, volgende week heb ik een afspraak gekregen. Als ik over deze dingen kan gaan studeren, leer ik misschien om er iets constructiefs mee te doen, weet ik veel.

Ik zou graag schrijven over kinderen die sterven, in een cultuur-zonder-hiernamaals-perspectief. Ik heb jou nooit durven vragen wat je dacht dat er zou komen als je het niet zou halen. Dat was niet aan de orde want je ging ervan uit dat je zou genezen. Eén keer maar heeft in die maanden dat je in behandeling was, de paniek mij overvallen, toen ik in een flits besefte dat er, ook bij 80% genezingskansen, nog altijd 20% kans is dat het fout gaat. En dat 1% al genoeg is voor de ware pechvogels onder ons. Maar die gedachte bleef onuitgesproken en werd onmiddellijk ver weg geduwd. Ik weet wel dat je in die vele stille uren ook aan die mogelijkheid hebt liggen denken, maar wij hadden besloten voor het leven te gaan. Ik heb achteraf van je zus vernomen dat jij geloofde dat doodgaan uit je lichaam treden is, waarbij je vanuit een hoek van de kamer alles kunt zien wat er gebeurt. Verder dan die uittredingservaring ging je voorstellingsvermogen op dat moment niet. Ik weet uit welke film je dat beeld haalde, we hadden er samen naar gekeken, toen het nog veilig was.

Ik wil het toch weten, hoe het is om te gaan zonder de hemel in het vooruitzicht. Zelf heb ik geen enkel spiritueel alternatief gevonden dat evenveel troost kan bieden als een hiernamaals of een herboren worden, waarbij het einde niet een einde is, maar een overgang. Geloven is een gave, een staat van genade, inderdaad. Maar voor ons, ongelovige zondaars, moet er toch ook iets zijn, Tim? Iets dat de onrust verzacht?

We zijn zelfs de verbondenheid met moeder Aarde kwijt, de moeder waar je naar terugkeert.

Misschien zijn lezen en leren en vragen mijn manier om betekenis te geven aan wat ik als een onbarmhartige leegte ervaar. Ik zal verlieskunde studeren.

Intussen komt het huis vol tenten en rugzakken en slaapmatjes te liggen want volgende week vertrekken we. Marieke wil met haar vriendin Saartje een wereldreis maken als ze hun school af hebben, dus nu kan ze alvast een beetje oefenen.

Verschillende mensen zeggen dat je zus op mij lijkt. Dat vindt ze niet zo'n compliment. Robbe wordt vijf morgen. Hij zit met een dubbelloopsgeweer (een Winchester schijnt het) in de boodschappenkar om op de decoratiegeiten en -everzwijnen in het warenhuis te schieten. En hij wilde tussendoor eventjes weten wat er overblijft van dode mensen als die begraven of verbrand zijn. Hij wil je as zien met de onbevangen nieuwsgierigheid van een kind, maar ik heb zelf nog niet durven kijken. Hij vroeg hoe dat eigenlijk ruikt.

Maandag 26 augustus

Dag jongen,

We zijn al een paar weken terug uit Amerika, ik heb daar ook elke dag geschreven. Zal ik je een paar fragmenten voorlezen? We stelden het goed, ook je zus en ik, we hebben zelfs een paar keer de slappe lach gekregen, in nogal penibele situaties, tot grote ergernis van Guy.

Amerika

Dag 2:
Vandaag een hele dag te voet door San Francisco gelopen, onder leiding van Marieke, die bij zichzelf nu ook het (tot nu toe) verborgen talent om kaart te lezen heeft ontdekt. Ongeveer twee keer per uur wijst ze ons erop hoe goed ze wel is...

In een klein park in het Italiaanse stadsdeel was een straatclown aan het optreden. Robbe was er niet weg te slaan, zat de hele tijd met zijn vinger hoog in de lucht om vrijwilliger te mogen zijn bij een van de kunstjes.

Je zus lijkt er helemaal door te zijn, door haar moeilijke periode. Ze is zo positief, zo vriendelijk, ze heeft een goede invloed op mij, op de haar zeer eigen wijze van directe commentaar op mijn gedrag. Daar kan ik veel gemakkelijker mee omgaan dan met die ondoordringbare stilte. Ze zegt bijvoorbeeld: 'Niet zoveel zuchten als gisteren, hé mammie, want gisteren was gewoon niet te doen.' Of: 'Jaja, mammie, nu ben je zeker vervelend aan het worden? Ik zie het. Rustig blijven, mammie, rustig blijven...'

Robbe ziet overal dingen die hij ogenblikkelijk en absoluut moet hebben, het is nog erger dan thuis.

's Avonds vertelt Guy het verhaal van Kunta Kinte aan je kleine broer, in een sterk samengevatte versie. Toch lijkt het niet vooruit te gaan, want je zus komt ertussen, waardoor een zeer warrig soort gesprek ontstaat, met 'verschillende verhaallijnen', om het mooi te stellen.

We hebben de Gay Parade gezien, een bonte optocht van nichten in topvorm, de gespierde gymsoort, de struisvogelsoort, de vrouwelijker-dan-vrouwsoort, lesbiennes van alle leeftijden, kinderen van homokoppels met borden waarop bijvoorbeeld stond: 'Wouldn't you want your dad to be gay?'. Guy is verontwaardigd, Marieke voelt plaatsvervangende schaamte om zo veel exuberant exhibitionisme, en Robbe vindt al die gevederde vrouwen zo mooi.

Hij heeft op straat een afgebroken stuk kralenketting gevonden dat nu om zijn nek prijkt, zodat hij er in zijn onderbroekje ook als een klein nichtje uitziet.

We moeten hem de hele tijd entertainen, hij kan zich geen minuut alleen bezighouden. Ik weet niet of je dat kunt leren als het niet je aanleg is. Jij verveelde je ook alleen, of je moest plannen maken en hele constructies bedenken om je zus te pesten. De creativiteit die dáárin werd geïnvesteerd!

Ik heb je blauwe trui aan, het had ook een beetje jouw reis moeten zijn.

Dag 6:

Laatste dag Yosemite Park.

Robbe heeft een hele Mexicaanse familie te vriend, waarin hij zich zonder woorden laat opnemen. Ze leren hem marshmallows bakken boven het vuur, de jongens hielpen hem een lange stok te zoeken om dat te doen. Zie hem daar staan, een kleine, blonde spriet tussen vijf robuuste, zwartharige Mexicanen.

Daarnet zei hij, toen we het hadden over inpakken en vertrekken: 'Mammie, besef je wel dat ik mijn vrienden nu nooit meer zal zien?' Waarop ik probeer uit te leggen dat dat zo gaat op een rondreis, mensen leren kennen, en dan weer afscheid nemen. Hi, and Bye.

Waarop hij weer: 'Mammie, ga je nu een keer praktisch worden!' Wat kun je daar nu op antwoorden? Waarschijnlijk is het in zijn ogen veel praktischer om gewoon ergens je tent op te slaan, als je dan toch per se op reis wilt, en daar dan voor altijd te blijven. Dat maakt afscheid nemen namelijk overbodig.

Dag 9:

We staan met de tenten op een mooie plek, op groen gras (dat is bijzonder) naast een klein riviertje.

Je supersociale broertje heeft nu twee Nederlandse vriendinnetjes. Na een halve dag doet hij het allemaal in Hoog Hollands. Marieke is hout gaan hakken met een heuse bijl, in haar geruite hemd, wandelschoenen, cowboyhoed. Zéér indrukwekkend. Nu zit ze met een mes amuletten te snijden uit schors en hout.

Vanmiddag ging het even niét goed in de buik van Marieke en Guy, maar daar had de culinaire overdaad van gisteravond zéker niets mee te maken: het was de kok die iets fout had gedaan met het eten. Ze heeft nog steeds eetaanvallen.

Ik slaap veel beter in de nieuwe, warme slaapzak. Guy niet, die ligt gewoontegetrouw uren wakker.

Dag 15:
We moeten veel rijden, de afstanden zijn niet te onderschatten. En het is nogal inspannend om de hele tijd met ons vieren te zijn, en alle kleine wensen en noden te eerbiedigen. Marieke verafschuwt U2 in de auto, terwijl Robbe luidkeels E-LE-VATION wil meejanken.

We proberen mooie en interessante dingen te zien, kleine musea over en van de indianen en de kolonisten. Robbe prefereert evenwel de glitter van Las Vegas.

Ik begin mij steeds meer terug te trekken in mijn eigen hoofd. Zal ik om een dagje afzondering vragen?

Dag 18:
Gisterennacht moeten vluchten voor de beren, halsoverkop de eenzame camping verlaten en naar LA gereden. Gelukkig in het holst van de nacht nog een receptionist wakker kunnen bellen. Marieke en ik moesten zo lachen, zeer tot ongeloof van Guy, die werkelijk 'niet begrijpt wat er zo grappig is aan het feit dat onze levens bedreigd werden door hongerige beren'. Hij heeft natuurlijk gelijk, maar we moesten nog meer lachen. My lovely, hysterical family.

Dag 20:
Groot domein aan de kust, kleine houten huisjes, grote Lodge, canvas hutjes en enkele tenten, waaronder de onze. Luxueuze 'comfort houses' (dat zijn de sanitaire blokken dus), met sauna en haardvuur. Ook voor ons!

Marieke plaagt mij, hangt aan mijn lijf tot ik er dol van word, maar het doet zo deugd haar weer wat dichterbij te voelen. Hoe is alles toch zo ver kunnen komen?

Het is helemaal bewolkt, er staat een koude wind en het motregent. Dit is niét de sfeer van sea, sex and sun.

Vannacht kreeg Guy een oorontsteking, vanmorgen was de fles wijn leeg, na weer enkele uren slapeloosheid. Arme man.

Dag 21:
Terug waar we deze reis begonnen zijn, een camping dicht bij LA.

Robbe droomde vannacht hardop over een hamburger met frietjes.

Hij loopt alweer achter andere kinderen aan, het doet er niet toe dat de meesten al hogere studies doen, voor hem zijn het speelkameraden.

Ik vond de Grand Canyon het mooist. En de nabijheid van mijn dochter.

En nu zijn we dus al weer een tijd terug in ons donkere huis in de stad.

Je zus is voor een maand naar de Ardennen, ze werkt er in een hotel.

De slapeloze nachten werden een gezinskwaal, soms zaten we om 4 uur 's morgens te picknicken voor de televisie.

Een dag in september

Gisteren heb ik mijn ziel uitgeschreeuwd, woeste wanhoop en ellendige eenzaamheid uitgebraakt in een gulp die opborrelde uit een orgasme van snikken waar ik niet meer uitkwam. De poort naar mijn hel zit tussen mijn benen. In mijn onderbuik verbergt zich een vulkaan vol gloeiende lava, een riool vol stinkende smurrie, een donkere, ijskoude grot. Er bestaan ongetwijfeld mensen die zo'n ervaring zouden omschrijven als goede seks, een gezonde ontlading. Dat is helemaal naast de kwestie: dit was meer een uitdrijving, een exorcisme, uitputtend, dramatisch en angstaanjagend.

Wat is het voor mensen die zo verbeten zoeken naar een manier om controle te krijgen over zichzelf en hun gevoelens een openbaring (en dat bedoel ik niét positief) als ze ervaren dat er ook een andere, kortere weg naar hun diepste zelf is, een andere dan de lange kronkelpaden via het hoofd, een geheime sluipweg, een short cut. Dat beangstigt mij, ten eerste omdat iemand ánders de sleutel van de toegangspoort heeft, en ten tweede om de duistere hevigheid van wat daarachter schuilgaat.

Ik vertel je dit alleen omdat je het toch niet meer kan horen.

Balanceren

Ik blijf proberen om mijn leven opnieuw in te richten, een evenwicht te zoeken, evenwichtig te worden als het ware, al weet ik niet precies wat er allemaal in balans zou moeten zijn: hoop en wanhoop, zoeken en berusting, hart en hersens, liefde en onverschilligheid, kracht en zwakheid, willen en opgeven, kunnen en onwil, warmte en kou, licht en donker, beheersing en mateloosheid, moeder en meisje, winst en verlies, zijn en niet zijn.

Ik omschrijf wat mij soms overkomt als neerstorten in mijzelf, pijlsnel vallen in de zwarte, diepe afgrond vanbinnen, het doodsverlangen toelaten. Daarna moet ik mij, zoals nu, weer het leven in schrijven.

Ik ben niet meer met ziekteverlof, ik ben namelijk niet ziek. Maar genezen ben ik ook niet, geheeld ben ik niet. Soms, als ik zo val, kan ik nog steeds getroffen worden door de verbijstering over het ondenkbare, afgrijselijke feit dat je bent doodgegaan. Je was al meer dan anderhalf jaar dood, we woonden in Fuilla, en ik dekte de tafel voor vijf, ik was er even niet helemaal bij. In een onbewaakt moment namen al die jaren van vanzelfsprekendheid het over.

Jan Decleir zegt dat de dood 'een vies vuil kalf' is. Waarschijnlijk is hij een Buik-mens, maar een Hoofd-mens kan daar niet veel verstandigs tegen inbrengen.

Robbe gaat, na een maand nachtelijke problemen als gevolg van de jetlag, weer normaal slapen. Ik dacht altijd dat mensen dat overdreven, maar niets is minder waar.

Hij is – in het beste geval afwisselend – piraat, drakendoder, sheriff, ridder ... als het maar tot de tanden gewapende figuren zijn. Guy moet nu al de noodzakelijke gevechten en duels voor zijn rekening nemen, maar ík moet wel zijn tegenstander zijn als hij d'Artagnan is, want alleen ik weet precies hoe je dood moet vallen als in de film van de Drie Musketiers.

Deze zomer pas heb ik Patti Smith ontdekt. Ik benijd de overtuiging en de kracht waarmee ze haar teksten en muziek brengt.

Rock-'n-roll is waarschijnlijk een prima uitdrukkingsvorm voor mensen die intens leven en denken en voelen, als rock-'n-roll-ster ben je zelfs populair.

O Bolle, ik word zo kwaad als ik onevenwichtig word genoemd.

Zaterdagnacht 11 oktober

Dag zoon,

Het is hier goed op zolder. Guy en Robbe zijn naar de film, en Marieke is haar kleren aan het strijken. Dat is mijn nieuwe aanpak, nu ik weer naar school ga en bij mijn zus ga werken. Te veel huishoudelijk werk is niet goed voor mij, voor mijn zelfwaardering. Er ligt barokmuziek op, vluchten kan net zo goed in stijl.

Je vader droomt ook nog over jou, over blauwe voeten die pijnlijk ontdooien.

Misschien is óns perspectief (weet je nog) de herinnering, het verleden. Zo noemen ze dat toch: de herinnering levend houden, en zo het verleden (het jouwe en dat van ons samen) een heden en een toekomst geven.

Navelstaren

Ik luister graag naar mensen 'van de wetenschap', ik ga graag naar de les. Wat ik al een hele periode als existentiële problemen ervaar, als kwesties op leven en dood, krijgt toch een breder kader, het werkt relativerend. Voor een tijd, denk ik nu al. Maar alles is meegenomen.

Navelstaren heeft zo'n vernauwend effect, ik wil niet een gekrompen, bekrompen mens zijn. Michaël citeerde een zin die hij had gelezen, en ik wed dat hij dat speciaal voor mij deed: 'Als wij onze verliezen achterna gaan lopen, komt het

Zelf weer door de voordeur naar binnen', of iets dergelijks, ik kan niet zo goed letterlijk onthouden.

Er komen na drieëneenhalf jaar blauwe vlekken op je laatste foto met Sinterklaas. Soms zou ik gewoon een keer, één keer maar, met jou en je verhaal in het voetlicht willen gaan staan.

De eerste wettelijke euthanasiepatiënt is vorige week gestorven. Hij is nét niet voor het oog van de camera's ingeslapen. Hij zei dat de mens maar een pluisje in de wind is, en niet te veel spel moet maken van zichzelf.

En in 'Kinderziekenhuis' (een televisieprogramma) zag ik een jongen met botkanker, zo kaal als jij, met een mannenstem en een donzig snorretje, met buisjes in mond en neus en aders, en een traan die uit zijn oog rolde. Ik stikte bijna van medelijden, en de liefde en het verdriet kwamen in onveranderde vorm weer naar boven. Ik doe erg mijn best om mijn evenwicht te bewaren, maar na een paar dagen word ik weer omvergewaaid.

Ik denk dat ik niet gemakkelijk genees door hoe ik ben, door dat veeleisende hoofd dat maar niet uitgeschakeld kan worden en door de pijn die toch niet daar zit, maar ergens waar ik er niet bij kan (of durf) komen. Genezen moet volgens mij woordeloos, en zie mij hier weer zitten, tussen de woorden. Mediteren met de zon op je huid, of in zweet- en zwijghutten, of muziek maken of dansen, iets waardoor je kan verdwijnen of opgaan in een niet-zelf, in een heelheid. Dat kan je volgens mij niet met het intellect. Ik sta mijzelf in de weg.

Ik verlang naar mijn houten huisje in de Ardennen. Misschien kan de natuur dan weer helpen, zoals de bergen en de zon dat in Frankrijk deden.

Rituelen kan je niet uitvinden (zegt Rik Pinxten in het boek waar ik ook de term 'heel-heid' heb gehaald), maar ik denk dat het toch zal moeten, want de oude zijn versleten. Crematie is bij ons een relatief recent verschijnsel. Mensen maken zelf een soort plechtigheid. Dat hebben wij voor jou ook gedaan, maar veel ritueels was daar niet aan. Niets waardoor je jezelf eventjes opgenomen voelde in iets Groters. En daarna ben ik je toch weer uit de grond gaan halen, omdat ik er niet in slaagde de overgang te maken. Het zal wel aan mij liggen. Ik ben nochtans grotendeels een kind van mijn tijd, en bovendien opgegroeid met een agnostische vader, waardoor je de twijfel als het ware met de paplepel naar binnen krijgt gegoten en je alle zekerheden worden onthouden. Niet dat ik hem dat verwijt.

Misschien hebben wij, de eerste naoorlogse generatie, wel een soort handicap: de dood is vreemd voor ons, het leven vanzelfsprekend. De wetenschap maakt het leven altijd maar langer en gezonder, mensen van zeventig gaan joggen, en dan wordt de dood van een kind onbegrijpelijk en absurd. Er zijn andere tijden geweest, en in de minderbedeelde wereld waar het grootste deel van de mensheid woont, zijn ze gewend aan en gehard tegen kinderen die het niet halen.

Ik deed in mijn hoofd alsof je op kamers was gaan wonen, om afstand te scheppen tussen ons. Ik lachte er zelf om, ik wist dat ik de werkelijkheid niet uit het oog zou verliezen en dat gebeurt ook niet. Het is maar een spelletje. Ik weet best dat je straks bijna vier jaar geleden als veertienjarige jongen hebt opgehouden te bestaan.

Leven en dood die samenhangen, en het een dat niet zonder het ander bestaat, dat is de logica zelve, dat weten wij allemaal. Maar zou een leven niet volledig moeten zijn voor het

afgelopen kan zijn? Ik heb nooit open eindes kunnen uitstaan, heb ik dat al gezegd? Ik vind dat er een begin, een
midden en een slot moeten zijn en het verhaal hoort zich grotendeels in het midden af te spelen.

Door het achterwege laten van de door ons gekende rituelen, die versleten traditions en ouderwetse, holle geplogenhe-
den, zoals ze toen door alle 'moderne', nuchtere mensen werden beschouwd, heb ik ook de geboorte van mijn kinderen
zomaar 'laten zijn', een toevallige gebeurtenis die ook mij
overkwam. Ik heb jullie komst niet gevierd, mijn vreugde niet
met anderen gedeeld, daar geen betekenis aan gegeven. Ik heb
ook dan niet een overgang gezien. Jullie hadden wel een meter
en een peter, een beetje nep, want peters en meters houden
kinderen boven een doopvont, maar jullie hebben ze voor de
nieuwjaarsbrieven, een gewoonte die hardnekkiger is dan de
rituelen van onze voorouders. Misschien omdat er meer
cadeautjes aan vastzitten.

Loslaten

'Uw kinderen zijn uw kinderen niet', dat vindt iedereen die
'De Profeet' van K. Gibran kent zo'n sterke zin, en zo'n hogere waarheid. Waarom kan ik dan alleen maar het omgekeerde
voelen? Waarom kan ik je niet loslaten?

Ik geloof dat een mens naar zijn eigen dood kan toegroeien,
dat hij door leven, ervaren en ontwikkelen naar het einde kan
toegaan, zoals ik mijn vader dat heb zien doen, ook al was hij
relatief jong. Daar kun je als achterblijver ook vrede mee hebben.

Ik geloof ook dat ouders hun kinderen inderdaad kunnen
laten gaan, loslaten, als de tijd daar is. Maar niet zo bruusk, je

was zélf niet eens klaar om te gaan. Wat een lelijke schijnbeweging van het lot. We waren op het verkeerde been gezet.

Ik ben er nog niet aan toe om verhalen te schrijven. Ik zou er zelf veel te veel deel van uitmaken, en als het ego van de schrijver uit elke bladzijde naar voren springt en om aandacht vraagt, levert dat meestal geen mooie verhalen op. Misschien als ik nog veel lees, misschien als ik het geduld heb om de tijd zijn werk te laten doen, als het niet meer over mijzelf moet gaan, kan ik ooit wel veel gedachten over leven en dood door een kindergeest laten zeggen (niet een geesteskind). Het mag niet meer 'ik denk', of 'ik voel' zijn als je verhalen wilt vertellen, dat is nogal erbarmelijke literatuur. Egotripperij en navelstaarderij lezen niet vlot.

Deze kamer, dit lage schrijftafeltje, mijn bed op de grond, mijn blokfluitkussen, vormen mijn innerlijke wereld, verruimtelijkt. Ik houd van deze plek, ik ben hier thuis en nooit alleen. Ik heb jou hier laten wonen, en ik weet dat je hier vroeg of laat moet weggaan. Loslaten moet ook een proces zijn, niet een plotselinge daad. Er is niet een voor en na het moment van loslaten. Ik weet dat ik maar heel langzaam vorder op dit mij onbekende terrein, maar ik laat mij niet opjagen.

Als ik je helemaal loslaat, wat dat ook moge betekenen, wil ik kunnen voelen dat het goed is. En daarbij, aangezien ik niet in geesten of in onsterfelijkheid van welke aard dan ook geloof, kun jij van mijn gespartel in elk geval geen last hebben. Ik schrijf naar jou, omdat ik mij een noodzakelijke aanwezigheid moet verbeelden. Leve de Verbeelding. De verbeelding aan de macht. Als al die gelovige mensen nu een keer zouden willen beseffen dat zij precies hetzelfde doen, namelijk zich een noodzakelijke aanwezigheid verbeelden, dan zouden er meer bruggen dan afgronden tussen de mensen zijn.

Wat een gepreek. Gelukkig is papier zo geduldig.

Zaterdag 16 november

Het is al zo lang geleden dat ik je heb geschreven, dood kind van mij, en dat komt omdat de redelijkheid mij tegenhield. Mijn verstand had de overhand en de zinloosheid van schrijven naar een dode zoon is zo striking obvious. Maar eigenlijk wil ik het alweer een tijdje, alleen kan het nu pas omdat ik te veel gedronken heb, waardoor de zinloosheid van mijn ondernemingen even niet ter zake doet.

Misschien lijd ik de laatste tijd aan overmoed of zelfoverschatting, maar ik denk dat ik misschien een thesis zou kunnen schrijven over begrafenisrituelen. Het kan wat eigenaardig klinken, maar hoe meer ik manieren om sterven en afscheid te beschrijven bestudeer, hoe minder ik aan ons denk. Wij zijn dan geen eiland meer, Bolle. Het gaat niet alleen meer over jou en mij, er komt ruimte voor een abstracter soort interesse in hoe andere mensen, op andere plaatsen en in andere tijden, afscheid hebben genomen. Begrijp je, Tim?

Ik ben blij dat ik kan denken en fluitspelen. Dat je broer en zus bestaan.

Er zijn nog dagen dat ik net zo dood als jij wil zijn.

Ik heb een leesbrilletje, ik vind dat ik er geleerd mee uitzie. Imagebuilding voor de depressieve mens: het is niet onbelangrijk. Het brilletje verbergt ook de knobbel die ik op mijn neus heb. Erfenis van mijn vader. Ik ben ook huisvrouw-schoonmaakster bij mijn zus, daar heb ik het moeilijk mee, maar het is mijn werk en ik heb het zelf gevraagd.

In mijn hoofd laat ik je nog groeien, ik vraag mij bijvoorbeeld af wat je zou studeren, of je nog bij ons zou wonen, of je een liefje zou hebben, maar jouw tijd was op. Ik bestudeer afscheidsrituelen in de hoop dat ik een manier vind om van jou afscheid te nemen.

Ik groei zelf ook weer een beetje, ik leer, ik krijg soms een opstootje van zelfvertrouwen. Ik denk soms dat ik iets kán, dat moet haast wel, iedereen kan iets, zelfs eerder onaangepaste mensen als je moeder.

Ik heb moeite met de gedachte dat pijn schoonheid voortbrengt, maar als er iéts is, Tim, dat ik zal hebben kunnen verwezenlijken, dan moet het wel die transformatie zijn van duisternis, verdriet en doodsverlangen naar een op zijn minst grijze poging tot constructief denken en handelen. Ik ken het verband niet tussen hoop en troost, maar in mijn ogen moet er een zijn.

Ik denk dat ik niet verbitterd ben, omdat wat ik mij vooral herinner van je ziekte en dood, een gevoel van liefde is. Ik heb na je dood lang geweigerd dat woord nog uit te spreken, ik heb denk ik onbewust geweigerd het gevoel zelfs nog maar te hébben. Misschien wilde ik mijn liefde voor jou voorbehouden, omdat dat dat mij nog met jou verbond. Maar moederliefde blijkt groot genoeg om te verdelen. Ik houd heel veel van mijn andere kinderen, en door de Tijd die overal overheen walst, is dat steeds minder een verscheurend gevoel. Jij verdwijnt naar je kamertje in mijn hoofd, zoals je zus zo dikwijls naar haar kamer verdwijnt. Ik bedoel dat de verscheurdheid van mijn moederliefde minder mijn leven bepaalt. Ik weet niet of jij, of iemand, kunt begrijpen waar ik het over heb. Zeer helder ben ik niet.

Wij moeten verder met dit leven. Ik verraad je niet, ik ver-
loochen je bestaan en het einde van je bestaan niet door zélf
verder te gaan. Ik probeer deze aangrijpende periode in ons
leven aan te grijpen als een mogelijkheid om te leren: over
mijzelf, over je zus, over al die andere mensen in deze tijd in
deze omstandigheden. Ik wou dat het niet had gemoeten,
maar de dood, dat vies vuil kalf, stond plots in het midden
van ons bestaan en ik wil dat beest beschrijven, en luisteren
naar de mensen die het in de ogen hebben moeten kijken. Kijken naar de dood is denken over het leven. Wij zijn niét
gestraft, want wij hadden niets gedaan. Wij hebben geen straf
verdiend. Niet in dit leven en niet in een vorig leven, en een
volgend leven komt er niet. Ikzelf heb nog even, en in dat
'even' zal ik vertellen over ons en over mensen als wij.

Zaterdagavond 30 november

Het Grote Vergeten

Daar zijn we weer, jongen, zet je schrap voor de beschrijving van een terugval. Zo werkt het namelijk, als een eindeloze reeks valpartijen en pogingen om weer overeind te krabbelen. Dit is een valpartij. Ik zit op een carrousel, rondjes draaien, op en neer.

Het lukte weer niet, gewoon leven en gaan werken. Ik wil boos worden op de wereld en de mensen om mij heen. En dan weglopen en heks in het bos gaan zijn. Ik moet kwaad zijn zonder woorden, want gepaste verwijten kan ik niet vinden tegen mensen die wél gewoon hun leven (kunnen) leiden, en mijn verkeerd gekozen woorden zouden tégen mij worden gebruikt, alsof het om een gewone discussie zou gaan, met argumenten en tegenargumenten. Ik zou het pleit verliezen natuurlijk, want wat kan er mis zijn met het leiden van je leven? Maar het gaat niet om logica, het gaat over machteloosheid tegenover het Grote Vergeten, tegenover het doffe stof dat de tijd en hun drukke levens over jouw bestaan en dood blijven strooien. Ik zou al dat stof met één woedende krachtsinspanning recht in hun gezicht willen blazen, zodat ze naar adem moeten happen en vuile tranen in hun ogen krijgen. Maar ik mag dat niet doen, het is niet redelijk, en niet netjes en niet vriendelijk. Het is MIJN probleem, zei de moeder van Mathias al na een paar maanden, en dat blijkt ook zo te zijn. Maar kan je niet een keer bij ze komen spoken of zo?

Zulke lelijke dingen kan ik alleen tegen jou zeggen, want jij vertelt het niet verder, en je wordt er niet door gekwetst. Misschien kijk ik met de oogkleppen van een domme vrouw, een gefrustreerde moederkloek die het niet kan verdragen dat haar kind verwaarloosd en onopgemerkt in een hoekje zit op het grote familiefeest.

Francis Cabrel zingt je liedje: 'Je t'aimais, je t'aime et je t'aimerai', en 'Tu seras mon unique projet'. Al de rest laat mij steenkoud, behalve het leven van mijn andere kinderen.

Koud en bitter

Soms denk ik aan de behandeling die je kapot heeft gemaakt, de geneeskunde van de goede bedoelingen en de dodelijke afloop. Ik vertelde gisteren nog over onze wanhoopspogingen om met kersenpitkussentjes en massage je koude, paarse voeten weer warm te krijgen.

Ik denk slechte dingen over de mensen, negativiteit is wat mij tekent, so what? Als ik mij terugtrek, heeft niemand daar last van, het is immers mijn probleem?

Ze lopen weg als ik zeg wat ik echt denk, ze krijgen het koud. Ze hebben net genoeg warmte voor zichzelf. Ik heb zelfs niet genoeg voor mijzelf, zou ik er een beetje kunnen krijgen?

Laat mij dan tonen wat ik kan, ik kan méér dan schoonmaken en wassen en plassen en strijken en koken, kijk dan naar mijn kracht, de kracht van een heks in het bos.

Een vriendin zei gisteren dat je op wereldreis was. Lief, denk ik dan, goed geprobeerd, maar nee hoor, niet op wereldreis, niet op kamers, Dood. Laat ik de bitterheid in lichte kleuren schilderen, laat mij de eenzaamheid camoufleren, en grappig zijn, en lichtvoetig interessant en onderhoudend.

Bij je melktand in het hangertje om mijn nek zit een gedicht waarvan de laatste zin luidt: 'De dood betaalt men met het leven.' En dat doe ik, betalen met mijn leven. Niet altijd, Tim, niet voortdurend, maar ik leef in het teken van je dood, en die van al die andere kinderen, en al die andere ouders.

Het is zielig om te vechten tegen de tijd en zijn verstikkende, vervormende stof. Maar soms zou ik willen rondlopen met een foto van jou opgespeld, en het liedje van Savage Garden uit duizend luidsprekers laten knallen: 'I want to stand with you on a mountain, ... I want to stay like this forever, until the sky falls down on me.' Ik houd ook van de muziek van deze jongens, ik heb nog gehoopt dat ze je weer tot leven zouden zingen, maar dat konden ze niet.

Stijlvol lijden

Ik geloof dat mensen die lijden soms heel helder kunnen denken, en ik heb het niét over mijzelf. Ik ben begonnen met het afnemen van interviews met mensen die willen vertellen over de dood en het afscheid van hun kind. Hun verhalen ontroeren, het zijn mooie mensen, in elk geval op de momenten dat ze vertellen.

Luidop lijden, daar doen wij niet veel aan, dat is gênant. Het hoort niet om te gillen als een grote liefde sterft (vroeger mocht het wel, in andere delen van de wereld mag het nog steeds), huilen doe je maar stom in je hoofdkussen, of gewoon binnenin. Dan hoeft er niemand te doen of ie blind of doof is, of jij gestoord bent, volledig en ónprettig gestoord.

Toen mijn grootmoeder stierf, stond de kist opgebaard, haar kinderen en kleinkinderen stonden er allemaal omheen, en ik weet nog dat ik het een nogal overdadig geënsceneerd gebeuren vond. De mensen kwamen allemaal groeten, en ik stond mijn tranen te verbijten. Ik voelde het als een erekwestie om niét te huilen, mijn trots stond op het spel. Ik wilde niet dat iemand kéék naar ons verdriet, ik vond dat voyeurisme, en ongepast, wij liepen te kijk.

Hoe komt dat? En waarom wil ik nu dan wel zo graag dat iemand onze pijn ziet? Of heb ik het eerder over erkenning? Dat is niet hetzelfde. Laten we het daar maar bij houden.

Soms stel ik me voor dat we je niet hadden laten sterven, dat je weer zelf zou zijn gaan ademen. Dan zou je nu in een rolstoel zitten, blind en simpel en zonder voeten. Ik zou je meenemen naar mijn blokhut en je voorlezen, sprookjes vertellen en je vasthouden. Ik zou schrijven als jij zou slapen, en op een doordeweekse dag zou ik naast je gaan liggen en ons allebei laten inslapen. Dat is een van mijn fantasieën. Maar ook dat zou wreed zijn, er zouden weer andere achterblijvers zijn die moeten worstelen. Soms is aan wreedheid niet te ontkomen als er grote liefde in het spel is.

De wrede beslissing om jou, mijn oudste kind, te laten sterven, is genomen uit liefde, en ik kan daar zelfs mee leven. Als zo vele anderen.

Ik moet naar beneden, Bolle, er zijn mensen. Ik moet sociaal gaan zijn.

En of het hier om een terugval ging!

Zaterdagavond 7 december

Dag Tim, grote, kleine beer, mooie sterke vent, trots en liefde van mijn leven,
Boeddha met de zachte ogen, Timmie Boy.

Daar zijn de decemberdagen weer. De gezelligheid van weleer is voor altijd vermengd met de herinnering aan de koudste, donkerste dagen uit mijn leven, dagen van hoop en verwoesting.

Ik heb feestelijk gegeten en alles uitgespuugd. Dat doe ik soms. Er moet toch iets overblijven van die gedenkwaardige ellende, gedenkwaardige liefde, liefdevolle ellende. Ik heb de film van vier jaar geleden al zo dikwijls afgespeeld, de beelden al zo vaak gezien, en raken ze mij nu minder? Ik drong in de auto mijn tranen terug en keek in de achteruitkijkspiegel of mijn make-up niet was uitgelopen. Stomp ik noodgedwongen af, of maakt deze ijdelheid deel uit van een soort herstel? De gewenning, de beheersbaarheid.

Ik was onderweg hiernaartoe, naar dit hotel, en ik moest denken aan een scène uit de film Little Big Man: daar komt een oude indiaanse vrouw in voor die uit verdriet in de sneeuw gaat zitten wachten tot ze doodvriest. Bloednuchter en vastbesloten. Dat kan en wil ik helemaal niet.

Ik ben mijn tandenborstel vergeten.
Hoe moeten wij jou in schoonheid meenemen in ons leven, in onze toekomst? Ik werk eraan, Tim. 'Moge de kracht van Tim bij jullie zijn', schreef iemand vier jaar geleden.

De wijsheid en de vrede waar rusteloze stervelingen als ikzelf naar op zoek zijn, zijn o zo ver weg. Ik ga dus nu maar in bad, in deze hotelkamer in Nismes bij Couvin. Ik ben niet op de vlucht geslagen. Ik ben gewoon weggegaan.

Maandag 23 december

Verjaardagen

Je zus zestien vandaag, jij morgen achttien. De rook komt niet meer uit mijn oren van het denken. Ik weet dat de rust en de onrust in golfbewegingen komen en gaan, zo gaat het al vier jaar. Je leert ermee te leven.

Voor Marieke heb ik een collagedoos gemaakt, en een lijstje vol roosjes met een gedicht over de liefde, die alles aanvaardt zoals het is.

Robbe vraagt van wie ik het meeste houd: van Guy, van Marieke of van hem. Ik antwoord dat ik het meest van mijn kinderen houd.

'Als Guy sterft, zal je dan twintig dagen verdrietig zijn?' vraagt hij.

'Méér', zeg ik.

'En als ik sterf, hoe lang zal je dan verdrietig zijn?'

'Voor altijd', zeg ik, en ook dat ik dan misschien wel in mijn bedje blijf liggen zoals de prins uit het sprookje van Ezelsvel dat we zojuist hebben gelezen.

'Nee mammie,' en hij steekt zijn kleine vuist omhoog in het halfdonker van zijn kamer, 'je moet moedig zijn dan.' Hij spreekt de taal van de ridders en de musketiers uit zijn leven. Ik geef hem een knuffel en een zoen, en ga naar beneden.

Erkenning

Wat is moedig zijn? Misschien is het in deze tijd wel moedig om voor verdriet en rouw erkenning te eisen, zolang dat nodig is. Om verdriet en rouw te laten bestáán.

Wij kunnen het niet helpen, wij doen ons best, maar de dood maakt deel uit van ons leven, en ik wil niet weggestopt worden in een spreekkamer of in een praatgroep. Waarom worden wij naar de marge verwezen?

Een deel van dit leven overkomt mij nog steeds, ik heb er geen vat op, ook niet op mijn innerlijke leven. Dingen gebeuren buiten mijn wil, andere dingen kan ik kiezen. Ben ik daarom slecht gezelschap? Is het gepraat over verkoopcijfers en deadlines en klantenbinding en overuren dan zoveel interessanter? Of die onuitputtelijke voorraad koetjes-en-kalfjes waar mensen uit blijven putten? Ze zeggen dat het zoveel energie kost om naar mij te luisteren, maar dat is wederzijds, mensen. Ze zeggen dat ze naar adem moeten happen als ik erbij kom. Ook dat is wederzijds.

Wij hebben samen niet veel gehuild, Tim. Of gepraat. Maar we waren elkaar nabij.

Ikzelf ben nog steeds beperkt door verstandelijke nuchterheid, waardoor ik je niet weet te vinden. Ik zoek nog steeds naar troost, naar schoonheid en troost.

Ik heb het deksel van je urne met een hamer kapot moeten slaan. Ik heb nu de reductie van een grote, knappe jongen met blauwe ogen en voeten en beursgeslagen hersens en verwoeste organen tot een hoopje droge, grijze as aanschouwd. Ik had gedacht dat het zwarter en natter zou zijn.

Achttien jaar.

Lang geleden, je was nog niet lang dood, heb ik je in een droom gezien. Ik zag je lopen langs de kant van een lange, lege, donkere, stoffige autoweg, zo'n weg zoals je die ziet in Amerikaanse films, te midden van grenzeloze verlatenheid. Ik weet niet meer of ik naar jou toeliep, of jij naar mij kwam, maar ik mocht met je mee naar waar je woonde: een grijze, betonnen kamer zonder ramen, waar alleen een brits stond. Dat was je rustplaats, je ging daar zitten, met je rug naar mij toe, je had die blauwe trui aan die ik nu nog soms draag. Je sprak niet, je keek mij niet in de ogen. Je was alleen maar Rust. Je had niets nodig, ook mij niet, maar ik mocht wel bij jou zijn, zolang ik kon verdragen dat je geen antwoord gaf op mijn vragen. Toen werd ik wakker.

Misschien moet ik ophouden met al die vragen, om jou in vrede bij ons te laten zijn.

Hier laat ik je los, Tim,
Van hieraf moet ik gaan,
Met vallen en opstaan,
Van hieraf moet ik gaan.

EPILOOG

Geachte lezer,

Marieke is weggegaan, niet zo lang na de laatste brief. Ze woont al een jaar op kamers. Moeders en tienerdochters in ademnood kunnen geen muren slopen. Wij konden het niet. Eerst moest er rust en ruimte zijn.

Maar sinds enkele maanden kunnen wij elkaar omhelzen en nabij zijn. Wij praten nog steeds niet over de jaren die achter ons liggen. Woorden zijn niet meer nodig als je wéét waarom je plots tranen ziet in de ogen van de ander, of waarom je op precies hetzelfde moment moet glimlachen.

Zij heeft haar volmondige toestemming gegeven om van deze brieven een boek te maken.

'Zo wás het, mammie', zei ze zonder bitterheid, en ze was niet geschokt.

Mijn dochter is een mooie, sterke meid met veel talent voor het leven zoals het is, geweest is en zal worden. Zij heeft mij mijn falen als moeder in die tijd vergeven, en ik heb haar zwijgen een plaats kunnen geven.

Sinds Marieke alleen is gaan wonen, heb ik nog maar een heel klein gezin. We zijn met z'n drieën weggegaan uit de stad. Zoals we nu wonen en leven, is er geen ruimte meer voor afzondering, geen eigen zolderkamer meer.

Ik ga nog regelmatig naar mijn boshuis, om te lezen, te wandelen en te schrijven, zoals nu.

Ik ben nog altijd graag alleen, maar meestal ben ik bij 'mijn jongens', en kan ik daar zeer gelukkig om zijn.

Ik groei mee met die kleine ridder, musketier, dat welbespraakte wonder dat het zo eenvoudig maakt een liefdevolle moeder te zijn. Hij is een Vrolijke Frans, meestal, maar kan in een oogopslag andermans verdriet zien. Hij heeft een geoefend oog, zullen we maar zeggen.

Misschien doet hij er goede dingen mee.

Ik houd ook van zijn vader, de man van de slapeloze nachten, die is gebleven tot mijn verkrampte lijf zich eindelijk ontspande, en de zachte warmte van vroeger weer toeliet.

De man die mij onverstoorbaar en vasthoudend is blijven wijzen op zijn rechten als man, als partner. Die mij daardoor heeft gered van de complete vereenzaming, die mij toont dat trouw en tederheid niet noodzakelijk in veel woorden moeten worden uitgedrukt.

De man die mij verheft van moeder tot vrouw, bij tijden, op tijd en stond. 'Laat je je haar weer groeien?' vroeg hij een keer. En dat doe ik dus.

Ook hij heeft deze brieven gelezen voor wat ze zijn: het verslag van de eenzame, eerloze veldslagen van zijn vrouw. Hij heeft in alle rust mijn schrijffouten verbeterd.

Misschien ziet hij mij soms als een Donna Quichote, een wat vreemd exemplaar van de menselijke soort dat af en toe verbeten die malende vragen in haar verbeelding te lijf moet gaan, om weer het onderspit te delven. Het houdt hem niet tegen om voor het ontbijt te zorgen en boodschappen te doen.

Ik kan alleen maar dankbaar zijn, denk ik. Want het hoéft niet zo te gaan. Als je zo ver uit elkaar bent gegroeid als wij waren ten tijde van de brieven, als de verwijdering zo groot is, wordt het bijna onvermijdelijk om uiteindelijk afscheid te nemen.

Scheiden doet lijden, zeggen ze. Maar als je 't omdraait is het net zo'n grote, pijnlijke waarheid: lijden doet scheiden.

Mijn vader heeft lang geleden iets gezegd dat voor mensen die op hem lijken hun hele leven blijft gelden. 'Ik ben gelukkig', zei hij, 'in de mate van mijn mogelijkheden.'

Wij hebben niet allemaal dezelfde mogelijkheden, wij zijn op verschillende manieren beperkt, of gezegend. Niet alleen door de giften of zweepslagen van wat ons overkomt, maar ook door wie we zijn. Ikzelf bijvoorbeeld, ben nooit alleen maar een zonnetje in huis geweest, al had ik mijn momenten. Ik heb nooit alleen maar helder wit gezien. Ook zulke mensen moeten met groot verdriet, met duistere wanhoop omgaan, wij zijn daar misschien iets minder 'goed' in. In deze brieven staat beschreven hoe dat geworstel er dan ongeveer uitziet. Het kan de zonnige zielen onder u op hun systeem hebben gewerkt, maar dat geeft niet. Zoek de humor in het gewroet.

Ik denk niet dat ik een beter mens geworden ben dan ik was voor Tims dood. Dat lijkt nochtans zo'n beetje verwacht te worden van mensen die niét voor altijd in het verleden en het verdriet blijven vastzitten, die met andere woorden hun pijn hebben verwerkt. Ik heb zelf uiteindelijk gekozen om verder te gaan, voor vandaag en morgen, maar dat betekent niet dat ik nu een lichtend voorbeeld ben. Dat ben ik niet.

Ik kan wel de Liefde zien, die grote, machteloze liefde die naar mijn gevoel bijna overal uit de brieven sijpelt. Daarvoor moet ik niet achterom kijken. Ik weet dat ik ze meegenomen heb, ook al kan ik ze niet altijd voelen. En elke dag opnieuw probeer ik er een stukje van aan iets of iemand te 'besteden'. Met vallen en opstaan...